Klaus Holthaus

KLANGDÖRFER

Musikalische und soziale Vorgänge
spielerisch erleben

100
erprobte Spiele
und ausgewählte Beispiele
ihrer methodischen Verwendung

FIDULA

Goethe, Maximen und Reflexionen

Laßt uns
vielseitig sein!

Umschlagbild: Karin-Sophie Richter-Reichenbach
Gestaltung und Vignetten: Herbert Becker

Alle Rechte vorbehalten!
© Fidula-Verlag 1993
D-56154 Boppard/Rhein & A-5033 Salzburg

ISBN 3-87226-336-6

Zweite, verbesserte Auflage 1994

Inhalt

Vorwort 4

Alle Spiele in einer Kurzübersicht 6

100 Spielbeschreibungen in alphabetischer Reihenfolge 16

4 kommentierte Praxisbeispiele von Spielketten, aufgebaut nach unterschiedlichen pädagogischen Arbeitsprinzipien 135

Kreuzfahrt auf der MS Santa Musica 136

Trommelspielkette 140

Stimmspielkette 141

Miniprojekt 143

Verzeichnis der im Buch erwähnten Literatur 145

Spieleregister nach Spielformen 147

Auditive Wahrnehmungsspiele 148

Spiele zur Verklanglichung außermusikalischer Vorgänge . 152

Spiele mit Musik und Bewegung 155

Trommelspiele 158

Spiele mit der Stimme 160

Musikalische Improvisationsspiele 163

Rhythmusspiele 167

Spiele mit Musikhören und Malen 170

Selbsterfahrungsspiele mit Musik 171

Musikalische Entspannungsspiele 175

Vorwort

Die zentralen Musikelemente wie Pulsation, Pause, Atem und Phrasierung, Schlag und Gegenschlag, Spannung und Dynamik vermag jeder Mensch wahrzunehmen und mit diesen gestaltend umzugehen. Dies gilt auch für Nicht-Musiker ohne Vorbildung. Die hier vorgelegte Sammlung stellt Musikerleben und Musikverstehen in den Mittelpunkt von Spielen. Auf diese Weise werden zwei wichtige Faktoren miteinander verbunden:

Die Motivation für eine musikalische Tätigkeit wird geweckt bzw. verstärkt. Durch ihren methodischen Einsatz in der pädagogischen Planung werden übergeordnete Ziele (wie Förderung des Einfühlungsvermögens und der Selbständigkeit) durch Musik und Spiel erreicht.

Die Spiele in diesem Buch verbinden somit musikalisches mit sozialem Lernen. Die Spielenden erfahren durch Experiment und Wiederholung dies unbewußt unter angenehmen Bedingungen.

Es liegt in der Verantwortung des Pädagogen auszuwählen, welche Spiele sich für welche pädagogischen Zusammenhänge eignen. Nicht von Drill, sondern von kreativem Tun und dadurch von Wohlgefühl soll das (Musik-)Lernen geprägt sein.

Der spielerische Umgang mit musikalischen Elementen kann die Hemmschwelle vor musikalischer Tätigkeit senken. So lernen die Spielenden z. B. in einem Verklanglichungsspiel, daß außermusikalische Vorgänge mit musikalischen Mitteln ausgedrückt werden können. Sie entwickeln dabei eigene musikalische Normen, bilden so neue Fähigkeiten aus und gewinnen Freude an Musik.

Alle Spiele leben auch von ihrer Veränderung, von neuer Variantenbildung, die von der jeweiligen Situation und den Zielen abhängig ist. So können sie als Einzelspiele in ein zu vertiefendes Thema führen oder nach unterschiedlichen pädagogischen Arbeitsprinzipien zu musikalischen Spielketten zusammengestellt werden.

Die Praxisbeispiele am Ende des Buches zeigen, nach welchen Zielen die Spiele in eine logische Reihenfolge gebracht werden können. „Musikspielen" heißt dabei immer, mit Freude und eigener Entscheidung die verschiedenen Musikelemente wahrzunehmen und anzuwenden.

In einer Kurzübersicht können Sie sich schnell über das Wesentliche eines jeden Spiels in diesem Buch informieren. Sie finden das Spiel Ihrer Wahl am schnellsten über den Titel, da alle Spielbeschreibungen alphabetisch geordnet sind. Die Kurzanalysen in den einzelnen Beschreibungen bieten z. B. Hilfe beim Entwickeln neuer Spielketten.
Am Schluß des Buches finden Sie ein Register nach Spielformen.

Vorwort

– Auditive Wahrnehmungsspiele
– Spiele zur Verklanglichung von außermusikalischen Vorgängen
– Spiele mit Musik und Bewegung
– Trommelspiele
– Spiele mit der Stimme
– Musikalische Improvisationsspiele
– Rhythmusspiele
– Spiele mit Musikhören und Malen
– Selbsterfahrungsspiele mit Musik
– Musikalische Entspannungsspiele

P.S.: Aus schreib- und leseökonomischen Gründen habe ich in den Beispielen die kürzere (männliche) Form gewählt. Bitte beachten Sie daher:
„Spieler" = weiblicher und/oder männlicher Spieler
„Spielleiter" = weiblicher oder männlicher Spielleiter
„Teilnehmer" = weiblicher oder männlicher Teilnehmer
„Dirigent" = weiblicher oder männlicher Dirigent
„Partner" = weiblicher oder männlicher Partner
usw. entsprechend.

Wenn Sie Muße haben, begeben Sie sich auf eine Reise durch dieses Buch, einer REISE ZU DEN KLANGDÖRFERN.

Im Sommer 1992
Klaus Holthaus

Alle Spiele in einer Kurzübersicht in alphabetischer Reihenfolge

ALLE IN EINER REIHE
Die Gruppe ordnet nach dem Gehör Klangblöcke zu einer chromatischen Skala.

ALPHABET ENTDECKEN
Im verdunkelten Raum Stimmausdrucksmöglichkeiten für die Laute des Alphabets entdecken.

AUF DEM BAUERNHOF
Eine Geschichte erzählen, in der alle Geräusche und Tierstimmen mit der Stimme imitiert werden.

AUSDRUCKSGESTEN ZUR MUSIK
Zu zweit aus drei vorgegebenen Bewegungen Ausdrucksmöglichkeiten entwickeln und damit eine Musik gestalten.

BAMBUSTANZ
Zu zweit mit Bambusstäben Bewegungsformen entwickeln und damit eine Musik gestalten.

BEAT UND OFFBEAT
Mit einem Partner erleben, wie Schlag und Gegenschlag aufeinander wirken.

BEGEGNUNGEN MIT DER STIMME
Zu zweit Begegnungen in verschiedenen Situationen darstellen.

BEGEGNUNGEN MIT INSTRUMENTEN
Zwei oder mehrere Spieler spielen ihre Instrumente, wenn sie sich begegnen.

BESUCH BEIM NACHBARN
Instrumente sind Hausklingeln; beim Nachbarn klingeln und ihn begrüßen.

BLIND IM KLANGWALD
Mit geschlossenen Augen einen Weg durch eine Menschengruppe finden und sich dabei nach Klängen orientieren.

Alle Spiele in einer Kurzübersicht in alphabetischer Reihenfolge

BLIND ÜBER HINDERNISSE
Sich blind nach Klängen durch einen Hindernisparcours bewegen.

BLÖDELEI
Mit vorgegebenen Schimpf- und Kosewörtern Stimmimprovisationen gestalten.

BODYPERCUSSION
Zu einem aktuellen Hit Körperrhythmen spielen.

CHAOS ORDNEN
Aus dem Gewirr von Motiven eine Melodie erkennen.

CLUSTER MIT SOLISTEN
Über dem Liederklangteppich der Gruppe singen einzelne Gruppenmitglieder laut einzelne Liedausschnitte.

COMIC-STRIP
In Vierergruppen nach vorgegebenen Musikausschnitten eine abwechselnde Comic-Bilderfolge malen.

DAMPFLOK
Die Bewegungen einer Dampflokomotive spielen und klanglich darstellen.

DIRIGENT UND ORCHESTER
Eine(r) dirigiert die Gruppe mit einer Tütenpuppe.

DUELLE
Die Ausdruckskraft der Stimme wird in verschiedenen Situationen erprobt.

EINSTEIGER – AUSSTEIGER
Mit wechselnden Partnern improvisieren.

ES RAPPELT IN DER DOSE
Geräuschdosen wahrnehmen, vergleichen und zuordnen.

Alle Spiele in einer Kurzübersicht in alphabetischer Reihenfolge

FILMMUSIK AUS DEM WELTRAUM
Musizieranweisungen zum Thema mit der Taschenlampe anleuchten und verklanglichen.

FINGERMALEN
Mit einem oder mehreren Fingern auf einer mit Kleister und Farben präparierten Tapete nach Musik malen.

FITNESS-STUDIO FÜR DAS ZWERCHFELL
Aktionen mit Bewegung und Stimme.

FREI UND GEBUNDEN
Abwechselnd auf Stabspielen freimetrisch bzw. metrisch-gebunden spielen.

GEFÜHLSSPRACHE – SPRACHGEFÜHL
Ein sachlich gehaltener Text wird in verschiedenen Gefühlsstimmungen vorgelesen. Die Gruppe soll das Gefühl erraten.

GERÄUSCHPHANTASIEN
Die Gruppe wird durch den Spielleiter zu inneren Geräuschbildern angeregt.

GLEITEN NACH MUSIK
Mit beiden Händen zur Musik über eine mit Tapetenkleister präparierte Tapete gleiten.

GLUCKSBAUCHSCHLAF
Beim Nachbarn hören, was alles im Bauch passiert.

GLÜHWÜRMCHEN
Form, Geruch, Klang eines Instrumentes erforschen und wiedererkennen.

GRUPPENKONZERT FÜR SOLOHÖRER
Der Reihe nach bekommt jedes Gruppenmitglied ein musikalisches Feedback.

─── **Alle Spiele in einer Kurzübersicht in alphabetischer Reihenfolge** ───────────────

HANDLUNGEN VERKLANGLICHEN – SPONTAN
Bei Musikstop Handlungen mit der Stimme verklanglichen.

HÄNSCHEN KLEIN
Den Rhythmus eines Liedes auf einer zufälligen Anordnung von Klangblocktönen spielen.

HEINZELMÄNNCHENMUSIK
Nach Farben und Bewegungen mit Tönen improvisieren.

HÖRSPIEL
In Kleingruppen die Geräuschkulisse zu einem Thema mit der Stimme darstellen und erraten.

IMPROVISATION MIT SKALEN
Zu einem gesungenen Ostinato Schritt für Schritt nach einer Skala auf dem Keyboard improvisieren.

IMPROVISATION MIT VORNAMEN
Den Vornamen in einzelne Klangsilben zerlegen und daraus neue Phantasiewörter erfinden und singen.

JEDER HAT NUR EINEN TON
Lieder mit Klangblöcken (klingenden Stäben) spielen.

KÄSTCHENPARTITUR
Der Verlauf eines Klangmusikstückes wird graphisch dargestellt und gespielt.

KERN UND SCHALE
Im Kern einer Großgruppe bewegt sich ein Spieler. Seine Bewegungen werden von der Gruppe mit Instrumenten verklanglicht.

KLANGBLOCKMELODIEN
Aus einer zufälligen Anordnung von Tönen spielt und erkennt die Gruppe immer wieder neue Melodien.

Alle Spiele in einer Kurzübersicht in alphabetischer Reihenfolge

KLANGBLOCKORCHESTER
Vier Spieler bilden ein Orchester und entwickeln mit den zur Verfügung stehenden Klangblöcken ein kleines Musikstück.

KLANGFARBEN – FARBKLÄNGE
Ein T-Shirt mit Schultemperafarben nach Musik bemalen.

KLANGMARIONETTE
Die Bewegungen einer „Marionette" durch Klänge bestimmen.

KLANGTANZ
Unterschiedliche Klangeindrücke durch Tanzbewegungen zum Ausdruck bringen.

KONZERT MIT SOLISTEN
Die Gruppenmitglieder musizieren abwechselnd als Gruppe und als Solisten.

LABYRINTH
Sich blind in einem Seillabyrinth nach Klängen orientieren.

LAUTGEDICHT
Unterschiedliche Äußerungsformen werden hinsichtlich ihrer Dynamik und ihrer Stimmhöhe graphisch dargestellt und anschließend „gespielt".

LIEDER-MAT(S)CH
Mehrere Gruppen singen gleichzeitig verschiedene Lieder.

LIEDERKETTE
Einzelne Gruppenmitglieder singen abschnittweise bekannte Lieder.

LUFTBALLONS MIT TRIANGELN
Die Bewegungen von Luftballons mit Triangeln begleiten.

―――Alle Spiele in einer Kurzübersicht in alphabetischer Reihenfolge―――――――――――

MEIN ZWEITES GESICHT
Sein „zweites Gesicht" farbig gestalten und klanglich darstellen.

MUSIK ZWEIMAL HÖREN
Beim Hören der Musik malend ihre Struktur verfolgen, dann sich ihr malend emotional öffnen.

MUSIK-INSTRUMENTENJAGD
Abschlagsspiel; durch Spielen des eigenen Instrumentes kann man sich vor dem Jäger schützen.

MUSIKMALEN IN DER GRUPPE
In Vierergruppen nach Musik abwechselnd malen.

MUSIKTHEATER
In Kleingruppen Musik pantomimisch darstellen.

NACHTTANZ
Als „Blinder" von wechselnden Partnern beim Tanzen geführt werden.

NAMEN TANZEN
Zur Musik tanzt jedes Gruppenmitglied den Rhythmus seines Vor- und Zunamens.

NAMEN TROMMELN
Zwei Spieler sprechen und trommeln abwechselnd ihre Namen.

NATUREREIGNISSE VERKLANGLICHEN
In Kleingruppen einzelne Phasen eines Naturereignisses verklanglichen.

NEBELHÖRNER
Mit geschlossenen Augen zwischen zwei Klängen den Weg finden.

Alle Spiele in einer Kurzübersicht in alphabetischer Reihenfolge

PAARLAUFEN
Zu zweit einen Malstift nach Musik führen.

PAUSENFÜLLER
Pausen eines Liedes mit Bewegungs-, Sprech- bzw. Musikaktionen gestalten.

PROGRAMMUSIK MALEN
Außermusikalische Inhalte zur Musik assoziieren und malen.

RADIO
Mit der Stimme Geräusche eines Radios nachahmen.

RAP
Zu einem gleichmäßig als Ostinato gesprochenen Satz improvisiert die Gruppe mit den Silben und Wörtern ein Stimmstück.

REISE ZU DEN KLANGDÖRFERN
Klangähnliche Instrumente werden ausprobiert.

RHYTHMEN MALEN
Rhythmen eines Stückes erkennen und beim Hören spontan in „Malbewegungen" übersetzen.

RHYTHMUS IM QUADRAT
Aus einer Grafik ein mehrstimmiges Perkussionsstück entwickeln und spielen.

RHYTHMUSMASCHINE
Mit Perkussionsinstrumenten wird eine „Maschine" nach und nach rhythmisch zum Klingen gebracht.

RHYTHMUSSESSION
Zu einem mehrstimmigen Scatgesang spontan Körperrhythmen entwickeln.

────Alle Spiele in einer Kurzübersicht in alphabetischer Reihenfolge────────────────

RÜCKEN AN RÜCKEN ZUR MUSIK
Zu zweit eine Musik mit Bewegungen des Rückens gestalten.

SCHATZSUCHE
Einen Gegenstand suchen und sich dabei von Instrumentenklängen lenken lassen.

SCHLAGEN UND WEGWERFEN
Aus einem pulsierenden Wechselschlag heraus Betonungen und Pausen spielen.

SCHWINGUNGEN SPÜREN
Mit dem ganzen Körper Musik hören.

SICH TROMMELND EINMISCHEN
Die Gruppenmitglieder versuchen, sich gegenseitig beim Trommeln zu stören.

SICH VOM LIED LÖSEN
Die Motive eines bekannten Liedes nach und nach als Ostinato singen, dann darüber frei improvisieren.

SPIELE DEIN ERLEBNIS – ICH SAGE DIR, WIE ES WAR
Jede(r) stellt mit musikalischen Mitteln ein persönliches Erlebnis dar und bekommt von den Mitspielern ein verbales Feedback.

SPRICHWÖRTER MUSIZIEREN
Rhythmen und Inhalte von Sprichwörtern verklanglichen.

STANDHALTEN MIT INSTRUMENTEN
Vier Trommler spielen einen mehrstimmigen Rhythmus, den sie trotz rhythmischer Störungen der Restgruppe durchhalten sollen.

STERN IM VOKALKREIS
Die Gruppe singt auf einem Grundton Folgen von Vokalen, so daß Obertöne hörbar werden können.

13

Alle Spiele in einer Kurzübersicht in alphabetischer Reihenfolge

STIMMEN IM DUNKELN
Bewegungsabläufe im Dunkeln mit der Stimme begleiten.

STIMMUNGSBILDER RATEN
Einer soll das Klangbild der Gruppe deuten.

STREIT UND VERSÖHNUNG
Mit einem Partner zu einem Musikstück thematisch malen.

SUMMEN
Blind den „Lieblingston" singen und damit summend einen passenden Partner finden.

SUMMERTIME
In Teilgruppen verschiedene Sprechverse sprechen bzw. singen.

TAI-CHI MIT SINGEN
Vokale mit unterstützenden Bewegungen singen, so daß ein mehrstimmiges Stimmklangstück entsteht.

TAKTSTÖCKE
Auf den Taktschwerpunkten einer Musik über liegende Stäbe gehen.

TANZTROMMEL – TROMMELTANZ
Auf Trommeln wird der Bewegungsrhythmus eines Tanzenden gespielt. Dann tanzt dieser frei zum entstandenen Trommelrhythmus.

TIERSTIMMENQUARTETT
Die Spieler finden sich durch Nachahmen von Tierstimmen zu einer Tierfamilie und stellen dann die typischen Verhaltensweisen der Tiere dar.

TÖNE JAGEN
Zwei Töne wandern im Kreis; der eine muß den anderen einholen.

──Alle Spiele in einer Kurzübersicht in alphabetischer Reihenfolge────────────────

TONFÄDEN
Die Spieler probieren aus, wie lange sie einen Ton singen können und gestalten mit den Tonfäden ein Stimmstück.

TROMMEL FEEDBACK
Die Gruppe imitiert ein Gruppenmitglied in allem, was dieses tut.

TROMMELKANON
Zu viert in einer Viererpulsation auf einer Konga spielen.

TROMMELSTREIT
Zwei Personen führen in unterschiedlichen Rollen auf einer Trommel ein Streitgespräch.

VORWÄRTS-RÜCKWÄRTS-STAND
Durch Gehrichtungen mit einem Partner einen Tanz gestalten.

WANDERNDE KLANGGASSE
Blind durch eine klingende Gasse gehen, die sich ständig verändert.

WEN MEINE ICH?
Einer charakterisiert ein anderes Gruppenmitglied mit rein akustischen Mitteln. Die Gruppe muß erraten, wer gemeint ist.

WETTERMASSAGE – MUSIKALISCH
Verschiedene Wetterlagen musikalisch darstellen und als „background" für eine Massage einsetzen.

ZEICHENKLÄNGE – KLANGZEICHEN
Aus einer Liste von graphischen Zeichen stellen drei Spieler drei Zeichen musikalisch dar. Die Restgruppe muß heraushören, welche Zeichen gespielt werden.

ZOORHYTHMEN
Der Partner ahmt Bewegungsrhythmen von Tieren auf dem Rücken eines Liegenden nach.

15

Hier wird das Mindestalter angegeben

In diesem Kasten finden Sie:
Spielformen
Gruppierung
Tempo
Dauer
Aktivitäten im Spiel
und
Musikalische Erfahrungen

100 Spielbeschreibungen
und deren Untertitel

Vorbereitung, Durchführung, Anmerkungen

Mindestalter 10 Jahre

A

Alle in einer Reihe

Die Gruppe ordnet nach dem Gehör Klangblöcke zu einer chromatischen Skala.

Vorbereitung:
Für jeden Spieler einen Klangblock (klingenden Stab) aus der chromatischen Tonleiter (Halbtonleiter) und einen Schlägel.

Alle Spieler stehen mit ihren Klangblöcken verteilt im Raum und entscheiden selber, wann sie ihn anschlagen. Spielt ein Gruppenmitglied seinen Klangblock, dann geht es solange durch den Raum, bis der Ton verklungen ist. Es entstehen ungefähr gleichbleibende Pulsationen von Tonfolgen, wenn nach dem Verklingen des Tones sofort wieder angeschlagen wird.
Nach ca. 5–10 Minuten gibt der Spielleiter die Anweisung, daß sich jeweils immer zwei Spieler treffen und sich gegenseitig ihre Töne vorstellen sollen. Nach weiteren 5–10 Minuten bekommen alle die Aufgabe, die Klangblöcke nach Tonhöhe zu ordnen, ohne den oben beschriebenen Spielprozeß zu unterbrechen.

Am Schluß des Spiels stehen alle Gruppenmitglieder mit ihren Klangblöcken nebeneinander und bilden zusammen die chromatische Tonleiter.

Anmerkung:
Für Spieler mit Notenkenntnissen müßten die Tonbezeichnungen auf den Klangblöcken überklebt bzw. die Platten umgedreht werden.

Spielform:
Wahrnehmungsspiel, Interaktionsspiel

Gruppierung:
Alle verteilt im Raum, dann Gesamtgruppe

Tempo/Dauer:
ruhig, bis 30 Minuten

Aktivitäten im Spiel:
wahrnehmen, konzentrieren, kooperieren, einschätzen, vergleichen

Musikalische Erfahrungen:
– Zusammenhänge von Tonhöhe und Tonlänge erkennen

– Den kleinsten Abstand zwischen zwei Tönen erkennen

– Die chromatische Tonleiter kennenlernen

Holthaus KLANGDÖRFER © Fidula

A — Mindestalter 10 Jahre

Spielform:
Stimmspiel, Improvisationsspiel, Selbsterfahrungsspiel

Gruppierung:
Alle verteilt im Raum

Tempo/Dauer:
ruhig, 10–30 Minuten

Aktivitäten im Spiel:
wahrnehmen, erforschen, konzentrieren, kreativ sein, spontan handeln

Musikalische Erfahrungen:
– Stimmklänge erproben
– In einem angstfreien Raum unkonventionell mit der Stimme umgehen
– Selbstbestimmt mit der Stimme gestalten
– Die Artikulationswerkzeuge trainieren

Alphabet entdecken

Im verdunkelten Raum Stimmausdrucksmöglichkeiten für die Laute des Alphabets entdecken.

Vorbereitung:
Aus Leuchtpapierstreifen werden die Buchstaben des Alphabets einzeln auf Klarsichtfolie geklebt und gut verteilt an den Wänden des Raumes aufgehängt.

Die Leuchtbuchstaben werden ca. 1 Minute belichtet, dann wird der Raum verdunkelt. Jeder Spieler entscheidet selber, zu welchem Buchstaben er zuerst gehen will. Dort probiert er alle konventionellen und unkonventionellen Stimmlaute zum ausgewählten Buchstabenlaut aus. Dann geht er zu einem anderen. Beim Wechsel soll immer der Raum durchschritten werden, damit nicht der benachbarte Buchstabe genommen wird. Das Spiel endet, wenn jede(r) das gesamte Alphabet durchforscht hat.

Anmerkung:
Da in diesem Spiel ein interessantes Stimmklangstück entsteht, empfiehlt es sich, ein Tonband mitlaufen zu lassen.

Holthaus KLANGDÖRFER © Fidula

Auf dem Bauernhof

Eine Geschichte erzählen, in der alle Geräusche und Tierstimmen mit der Stimme imitiert werden.

Vorbereitung:
Karten mit Tiernamen, Geräten, Maschinen, Gebäuden und Personen, die es auf einem Bauernhof gibt.

Die Karten werden gemischt und der Reihe nach nebeneinandergelegt. Ein Gruppenmitglied beginnt, eine Geschichte über das Leben auf dem Bauernhof zu erzählen, deren „roter Faden" durch die Kartenfolge bestimmt wird. Die anderen Teilnehmer haben dabei die Aufgabe, mit der Stimme alle Geräusche und Tierstimmen situationsgerecht nachzuahmen.

Variante:
Alle Geräuschimitationen werden mit entsprechenden Bewegungen gemacht.

Variante:
Ein anderer Teilnehmer erzählt anschließend die Geschichte von hinten nach vorn.

Anmerkung:
Weitere Themen: Spuk im Schloß, Im Uhrenladen, In der Großstadt, In der Geisterbahn.

Mindestalter 6 Jahre

A

Spielform:
Verklanglichungsspiel, Stimmspiel

Gruppierung:
Kreis

Tempo/Dauer:
lebhaft, 10–30 Minuten

Aktivitäten im Spiel:
spontan reagieren, kreativ sein

Musikalische Erfahrungen:
– Außermusikalische Vorgänge stimmlich darstellen

– Improvisieren mit der Stimme

Holthaus KLANGDÖRFER © Fidula

A — **Mindestalter 10 Jahre**

Spielform:
Bewegungsspiel, Improvisationsspiel, Selbsterfahrungsspiel

Gruppierung:
Paare

Tempo/Dauer:
ruhig, 10–30 Minuten

Aktivitäten im Spiel:
wahrnehmen, kombinieren, konzentrieren, kreativ sein, pantomimisch darstellen, spontan handeln

Musikalische Erfahrungen:
– Bewegungen der Musik zuordnen

– Musik durch außermusikalische Vorgänge interpretieren

– Musik assoziativ hören

Ausdrucksgesten zur Musik

Zu zweit aus drei vorgegebenen Bewegungen Ausdrucksgesten entwickeln und damit eine Musik gestalten.

Das Spiel gliedert sich in zwei Phasen:

Phase I: Spieler A sitzt auf einem Stuhl; Spieler B steht rechts hinter ihm. Beide schauen nach vorn. Folgende Bewegungen sind nun erlaubt:

a) Spieler B neigt den Kopf und den Blick zu Spieler A,

b) Spieler B legt seine linke Hand auf die Schulter von A,

c) Spieler A richtet seinen Blick zu Spieler B.

Diese drei Bewegungen können in verschiedenen Abfolgen miteinander kombiniert werden: nacheinander oder gleichzeitig, z. B. c – b – a oder b – a + c.

Insgesamt gibt es 13 Möglichkeiten!

Jede Bewegung kann man schnell oder langsam ausführen. Das erhöht die 13 Möglichkeiten auf 104. Nun können die Bewegungen sofort oder nach einem Moment der Ruhe aufeinander folgen. Das ergibt schon 286 Möglichkeiten. Alle Paare probieren möglichst viele Ausdrucksgesten aus.

Phase II: Nun wird Musik eingespielt. Alle Paare führen ihre Ausdrucksgesten so aus, daß die Bewegungsabläufe zum Metrum der Musik passen.

Beispiele für die Musikauswahl:

– Warming up, Fidulafon 1311

– G. Bizet, Carmen suite No. 1

– J. Brahms, Opus 119, Intermezzo Nr. 2

– P. Desmond, Take five

Variante:

Die Ausdrucksgesten werden nach den Klavierimprovisationen des Spielleiters ausgeführt. Für die Improvisation werden folgende rhythmische Motive benutzt:

Variante:

Jeder Bewegung wird ein Instrument zugeordnet.

Holthaus KLANGDÖRFER © Fidula

Mindestalter 8 Jahre

B

Bambustanz

Zu zweit mit Bambusstäben Bewegungsformen entwickeln und damit eine Musik gestalten.

Vorbereitung:
Für jeden Spieler einen 1–1,5m langen Bambusstab bzw. Dübelholzstab.

Je zwei Spieler stellen sich gegenüber und greifen jeweils ein Ende der beiden Stäbe, so daß sie durch die Bambusstäbe verbunden sind. Alle Zweiergruppen entwickeln nun Bewegungsformen (ca. 10–15 Minuten), die man am Platz und in der Bewegung durch den Raum ausführen kann. Regel: Keiner darf dabei die Stäbe loslassen oder umgreifen! Dann wird eine ruhige, mit langen Phrasierungen versehene Musik einge-spielt, die mit den entwickelten Bewegungsformen gestaltet wird.

Variante:
Zu einer Polonaisenmusik verschiedene Tore „entwickeln" und durch sie hindurchtan-zen.

Variante:
Einen Kreistanz entwickeln. Dabei sind die Stäbe die Kettenglieder zwischen den Spielern.

Anmerkungen:
Einige Ideen für die Bewegungsformen:
– seitliche Rumpfbeugen
– gegeneinander kreisen und dabei die Stäbe parallel halten
– sich um die eigene Achse drehen
– hin- und herschwingen (sägen)
– laufen und dabei die Stäbe schwingen
– Stäbe über dem Kopf halten; einer dreht sich, so daß sie sich kreuzen, dann laufen

Holthaus KLANGDÖRFER © Fidula

21

Spielform:
Tanzspiel, Improvisationsspiel, Interaktions-spiel

Gruppierung:
Paare

Tempo/Dauer:
ruhig bis lebhaft, etwas über 30 Minuten

Aktivitäten im Spiel:
kreativ sein, konzentrieren, empathisch han-deln

Musikalische Erfahrungen:
– Musikalische Verläufe mit Bewegungen gestalten
– Musik räumlich und zeitlich empfinden
– Musik in einem interaktionellen Prozeß erleben

Empathie = Fähigkeit, sich in die Denk- und Handlungsweisen eines anderen einfühlen zu können

B — Mindestalter 10 Jahre

Spielform:
Wahrnehmungsspiel, Rhythmusspiel, Inter-aktionsspiel

Gruppierung:
Paare

Tempo/Dauer:
ruhig bis lebhaft, bis 10 Minuten

Aktivitäten im Spiel:
fühlen, konzentrieren, wahrnehmen, kooperieren

Musikalische Erfahrungen:
– Den Puls als Zweierpulsation erkennen
– Puls, Stimme und Bewegung als Einheit erleben
– Die Abhängigkeit von Beat und Offbeat erleben und erkennen

Beat und Offbeat

Mit einem Partner erleben, wie Schlag und Gegenschlag aufeinander wirken.

Zwei Gruppenmitglieder setzen sich einander gegenüber. Derjenige, der den Beat verkörpert, fühlt nun seinen Puls und läßt ihn mit der Stimme nach außen hörbar werden, z. B. mit der Silbe „tack". Nach einiger Zeit löst er sich von der Pulsstelle und klatscht die gesprochene Silbe genau mit. Der Beat ist also gleichzeitig durch Stimme und Klatschen zu hören. Derjenige, der den Offbeat verkörpert, konzentriert sich auf die Zwischenräume der Schläge. Wenn er die Mitte der Zwischenräume spüren kann, läßt er diese durch Klatschen hörbar werden. Nun sind Beat und Offbeat erkennbar. Nach einiger Zeit läßt der Beatspieler die Pulsation allmählich schneller werden. Der Offbeatspieler versucht, der schneller werdenden Beatpulsation zu folgen.

Idee: Reinhard Flatischler

Mindestalter 12 Jahre

B

Begegnungen mit der Stimme

Zu zweit Begegnungen in verschiedenen Situationen darstellen.

Die Gesamtgruppe teilt sich in zwei Halbgruppen auf, die sich jeweils an den gegenüberliegenden Stirnwänden so nebeneinanderstellen, daß jeder der einen Teilgruppe einen Spieler der anderen Teilgruppe vor sich hat. Dann gehen alle zugleich in Richtung der gegenüberliegenden Stirnwand und so begegnen dann alle ihren Partnern aus der anderen Teilgruppe in der Mitte des Raumes, dann verabschiedet man sich und geht weiter zur gegenüberliegenden Wand.

Beispiele für Begegnungssituationen:
a) alte Schulfreunde, die sich lange nicht gesehen haben
b) wie Lehrer und Schülervertreter
c) wie Punks
d) wie zwei Betrunkene
e) sehr abweisend, als könne man sich nicht „riechen"
f) übertrieben freundlich („scheißfreundlich")
g) wie Kinder auf dem Spielplatz

Nach jedem Spieldurchgang stellen sich die Spieler der beiden Halbgruppen in einer anderen Reihenfolge nebeneinander, damit jeder einen neuen Partner auf der anderen Seite hat.

Anmerkung:
Das Spiel hat einen ausgeprägten Spannungsbogen: Ruhe zu Beginn – laute Spiel- und Stimmaktion in der Mitte des Raumes – Ruhe am Schluß des Spieldurchgangs.

Spielform:
Stimmspiel, Darstellendes Spiel

Gruppierung:
Halbgruppen, Paare

Tempo/Dauer:
lebhaft, 10–30 Minuten

Aktivitäten im Spiel:
spontan handeln, empathisch handeln, darstellen

Musikalische Erfahrungen:
– Spielsituationen mit den Ausdrucksmöglichkeiten der Stimme darstellen
– Sprachlichen und körperlichen Ausdruck als Einheit erleben

Idee: nach Ulrich Baer

B ── Mindestalter 6 Jahre ───────────────────────────────

Begegnungen mit Instrumenten

Zwei oder mehrere Spieler spielen ihre Instrumente, wenn sie sich begegnen.

Spielform:
Wahrnehmungsspiel, Verklanglichungsspiel, Improvisationsspiel, Interaktionsspiel

Gruppierung:
Alle verteilt im Raum, dann wechselnde Gruppierung

Tempo/Dauer:
ruhig bis lebhaft, bis 10 Minuten

Aktivitäten im Spiel:
spontan handeln, wahrnehmen, empathisch handeln

Musikalische Erfahrungen:
– Aus der Bewegung heraus ein Klangstück entstehen lassen
– Den musikalischen Prozeß sehen und hören können
– Den musikalischen Prozeß mitbestimmen können

Vorbereitung:
Auf dem Boden wird ein Begegnungsraum mit Tesakrepp o. ä. markiert. Jeder Spieler hat ein tragbares Musikinstrument.

Die Spieler gehen mit ihrem Instrument auf individuellen Wegen durch den Begegnungsraum. Wenn sich dort zwei oder mehrere begegnen, spielen sie ihr Instrument. Dabei kann es zu folgenden Situationen kommen:
– Geht ein Spieler aus dem Begegnungsraum heraus, so bleibt er einen Moment stehen, um zuzuhören.
– Bleibt ein Spieler im Begegnungsraum stehen oder kreist er an einem Platz, so bedeutet das „Stille".
– Begegnet man sich flüchtig, so hört man nur kurze Klänge.
– Bleibt man beieinander stehen, so entstehen lange Klänge.
– Wenn zwei sich gefunden haben und andere hinzutreten, entstehen Vielklänge.
– Wenn sich zwei Paare begegnen, formen sich Vierklänge.
Wenn alle den Begegnungsraum verlassen haben, entsteht eine Generalpause. Das Spiel ist dann beendet.

Variante:
Bei ruhigen Begegnungen leise, bei schnellem Zusammentreffen laut spielen.

Variante:
Dieses Spiel läßt sich auch mit der Stimme durchführen.

Idee: Diether de la Motte

Mindestalter 4 Jahre — **B**

Besuch beim Nachbarn

Instrumente sind Hausklingeln; beim Nachbarn klingeln und ihn begrüßen.

Vorbereitung:
Gymnastikreifen werden im Raum für jedes Paar verteilt; beliebige Instrumente in der Mitte des Raumes.

Ein Paar besteht aus einem Hausbesitzer und einem Klingelmotor. Sie suchen sich das geeignete Instrument für den gewünschten „Klingelsound". Der Klingelmotor setzt sich dann mit seinem „Sound" in das Haus (Gymnastikreifen). Die Hausbesitzer testen nun ihre eigene Klingel. Sie drücken also auf den Rücken der Klingelmotore. Diese spielen ihre Instrumente solange, wie sie den Fingerdruck auf dem Rücken spüren und so laut bzw. leise, wie sie die Druckstärke empfinden. Die Hausbesitzer können auch ihre Häuser beliebig verlassen, in der Stadt spazierengehen und bei verschiedenen Nachbarn anklingeln. Rollentausch!

Variante:
Die Hausbesitzer müssen sofort zu ihren Häusern zurückgehen, wenn sie die eigene Klingel hören. Dort begrüßen sie dann den Gast.

Variante:
Statt beliebiger Instrumente werden jeweils zwei Klangblöcke (klingende Stäbe) im Terzabstand (Kuckucksruf) genommen.

Anmerkung:
Bei den Varianten müssen sich die Hausbesitzer entscheiden, ob sie weiterklingeln, bis der Nachbar kommt, oder ob sie nach Hause laufen und dort den klingelnden Gast begrüßen. Man kann sich auch aus großen Kartons Häuser bauen.

Spielform:
Wahrnehmungsspiel, Bewegungsspiel, Interaktionsspiel

Gruppierung:
Paare

Tempo/Dauer:
ruhig bis lebhaft, bis 10 Minuten

Aktivitäten im Spiel:
fühlen, wahrnehmen, kombinieren, schnell reagieren

Musikalische Erfahrungen:
– Aus einer Anzahl von Klängen den eigenen Klang wiedererkennen

– Führen und Folgen nach Klängen

– Ein Instrument nach Körperberührungen spielen

Holthaus KLANGDÖRFER © Fidula

Mindestalter 6 Jahre

Spielform:
Wahrnehmungsspiel, Selbsterfahrungsspiel, Interaktionsspiel

Gruppierung:
Alle verteilt im Raum

Tempo/Dauer:
ruhig, bis 10 Minuten

Aktivitäten im Spiel:
blind wahrnehmen, verantwortungsvoll handeln

Musikalische Erfahrungen:
– Sich orientieren nach Klängen

– Mit Klängen kommunizieren

Blind im Klangwald

Mit geschlossenen Augen einen Weg durch eine Menschengruppe finden und sich dabei nach Klängen orientieren.

Vorbereitung:
Für die Gruppenmitglieder liegen verschiedene Geräuschinstrumente verteilt im Raum.

Jedes Gruppenmitglied nimmt sich ein Instrument und stellt damit einen Baum des Klangwaldes dar. Einer aus der Gruppe sucht sich nun mit geschlossenen Augen einen Weg durch den Wald. Gerät er in Gefahr, gegen einen Baum zu laufen, muß dieser kurz erklingen. Ein Spieldurchgang endet, wenn der Blinde wieder den Wald verläßt.

Variante:
Während der Blinde seinen Weg sucht, klingen die Bäume während der ganzen Zeit.

Idee: nach Gerhard Merget

Mindestalter 8 Jahre

Blind über Hindernisse

Sich blind nach Klängen durch einen Hindernisparcours bewegen.

Vorbereitung:
Materialien wie Bauklötze, Gymnastikreifen, Stäbe u. ä., um Hindernisse zu bauen; für jede Gruppe vier verschiedene Instrumente.

Jede Kleingruppe baut sich aus den Materialien einen Hindernisparcours (darübersteigen, darunterkriechen, drumherumgehen etc.) und verabredet eine Wegstrecke durch die Hindernisse. Eine(r) aus der Kleingruppe soll diesen Weg mit geschlossenen Augen zurücklegen. Die anderen beiden Gruppenmitglieder geben ihm mit den Instrumenten akustische Kommandos, die die Kleingruppe vorher verabredet und ausprobiert hat.

Variante:
Mit den verabredeten Kommandos muß der Blinde einen unbekannten Weg zurücklegen und ihn anschließend sehend zurückverfolgen.

Anmerkung:
Es ist unbedingt darauf zu achten, daß der Hindernisparcours und die akustischen Kommandos von den Kleingruppen selber bestimmt werden.

Spielform:
Wahrnehmungsspiel, Selbsterfahrungsspiel

Gruppierung:
Kleingruppen mit 3 Spielern

Tempo/Dauer:
ruhig, 30–60 Minuten

Aktivitäten im Spiel:
blind wahrnehmen, kombinieren, konzentrieren, planen, geschickt verhalten

Musikalische Erfahrungen:
– Sich nach Klängen orientieren
– Nonverbal mit Klängen kommunizieren
– Raum und Zeit durch Klänge aus immer neuen Perspektiven erleben

Holthaus KLANGDÖRFER © Fidula

B — **Mindestalter 8 Jahre**

Spielform:
Stimmspiel, Interaktionsspiel, Rollenspiel

Gruppierung:
Kreis

Tempo/Dauer:
lebhaft, bis 30 Minuten

Aktivitäten im Spiel:
wahrnehmen, Phantasie entwickeln, darstellen, spontan handeln

Musikalische Erfahrungen:
– Den Zusammenhang von sprachlichem und körperlichem Ausdruck erleben
– Durch den spontanen Umgang mit der Stimme in unvorhergesehenen Situationen neue Ausdrucksmöglichkeiten entdecken
– Auf unterschiedliche Sinnzusammenhänge mit entsprechenden stimmlichen und körperlichen Ausdrucksmöglichkeiten reagieren

Blödelei

Mit vorgegebenen Schimpf- und Kosewörtern Stimmimprovisationen gestalten.

Vorbereitung:
Entsprechend der Anzahl der Spieler werden Karten mit unterschiedlichen Schimpf- und Kosewörtern vorbereitet. Beide Wortgruppen sollten in gleicher Anzahl vorhanden sein.

Schimpfwörter: Verdammt! – Pfui! Bäh! Nein! – Lump! Schuft! Schnauze! Halt's Maul! – Hau ab – Oh weh! Nicht doch! – Lächerlich! Empörend! – Ekelhaft! – Unmöglich! Unerhört!

Kosewörter: Hübsch! Nett! – Brav! Schatz! Brav! – Fein! – Wunderbar! Prächtig! Jawohl! – Richtig! Sehr gut! – Bravo! So ist's! – Einmalig! Tadellos! – Erhaben! Grandios!

Die Karten werden gemischt, dann zieht jeder Spieler eine Karte. Nun bilden alle einen Kreis. Alle gehen gleichzeitig auf einen Platz gegenüber auf der Kreislinie, indem sie entsprechend den Ausdrucksqualitäten der gezogenen Wörter diese laut, leise oder gefühlvoll sprechen. Hat jede(r) seinen neuen Platz erreicht, herrscht wieder Stille. Nun beginnt das Spiel erneut.

Variante:
Alle gehen sprechend (spielend) durch die Kreismitte zu einem anderen Platz auf der Kreisbahn. Bei Begegnungen mit anderen entstehen unterschiedliche Sprachsituationen.

Variante:
Eine(r) geht sprechend zum Platz eines Mitspielers. Sobald diese(r) das wahrnimmt, geht er ebenfalls los, wobei er seine Wörter gemäß der neu entstandenen Situation spricht. Nach einem kurzen „Sprachspiel" zwischen den beiden, sucht sich der zweite Spieler eine andere Person aus usw.

Anmerkung:
Man kann auch die Regeln des Spiels BEGEGNUNGEN MIT DER STIMME anwenden.

Holthaus KLANGDÖRFER © Fidula

Bodypercussion

Zu einem aktuellen Hit Körperrhythmen spielen.

Vorbereitung:
Karten mit unterschiedlichen Zahlenkombinationen (siehe unten!); je nach beabsichtigter Teilgruppengröße mit gleicher Zahlenkombination; Musik aus der aktuellen Hitparade.

Jeder Spieler erhält eine Karte und geht mit geschlossenen Augen vorsichtig durch den Raum. Trifft er auf jemanden, wird die Karte getauscht. Wenn Musik läuft, öffnen alle die Augen und übersetzen die Zahlenkombinationen in die zugeordneten Körperrhythmen: 1=ah (Stimme); 2=zweimaliges Fußklopfen; 3=dreimaliges Fingerschnippen; 4=viermaliges Händeklatschen. Bei Musikstop beginnt das Spiel von vorn.

Variante:
In unterschiedlichen Kleingruppen finden sich die gleichen Zahlenkombinationen „spielend".

Anmerkung:
Folgende Zahlenkombinationen sind möglich:

1234	1324	1342	2341	2314	2143
3412	3124	3142	4123	4213	4312
1432	2134	1423	2431	1243	2413
3421	3214	3241	4231	4132	4321

Spielform:
Bewegungsspiel, Rhythmusspiel, Einteilungsspiel

Gruppierung:
Alle verteilt im Raum

Tempo/Dauer:
lebhaft, bis 10 Minuten

Aktivitäten im Spiel:
konzentrieren, kombinieren

Musikalische Erfahrungen:
– Den Körper als musikalisches Ausdrucksmittel gebrauchen

– Sich dem Tempo der vorgegebenen Musik anpassen

– Den eigenen Rhythmus in der Auseinandersetzung mit den Mitspielern durchhalten

– Vertrauen in die eigenen rhythmischen Fähigkeiten bekommen

Idee: nach Gabriel Charpentier

Mindestalter 6–10 Jahre

Spielform:
Wahrnehmungsspiel, Stimmspiel

Gruppierung:
Gruppe vor 2 Spielern

Tempo/Dauer:
lebhaft, bis 10 Minuten

Aktivitäten im Spiel:
wahrnehmen, kombinieren, konzentrieren

Musikalische Erfahrungen:
– Musikalische (auditive) Wahrnehmung als gestaltende Tätigkeit erleben

– Logische Abschnitte (Motive) einer Melodie singen

Chaos ordnen

Aus dem Gewirr von Motiven eine Melodie erkennen.

Zwei Spieler werden vor die Tür geschickt. Die anderen wählen eine bekannte Liedmelodie aus, zerlegen sie in ihre Melodieteile (Motive) und teilen die Motive unter sich auf. Kommen die zwei Spieler in den Raum zurück, singen alle zur gleichen Zeit ihre Melodieausschnitte (natürlich ohne Text!). Die beiden müssen herausbekommen, um welche Melodie es sich handelt. Haben sie diese erkannt, singen sie die Melodie mit Text, wenn es möglich ist.

Variante:
Mit Wörtern aus Sprechversen.

Variante:
Mit Silben aus Wörtern.

Variante:
Mit den einzelnen Tönen einer Werbemelodie.

Holthaus KLANGDÖRFER © Fidula

Cluster mit Solisten

Über dem Liederklangteppich der Gruppe singen einzelne Gruppenmitglieder laut einzelne Liedausschnitte.

Das Spiel verläuft in vier Phasen:
I) Jeder Teilnehmer überlegt sich ein Lied (Volkslied, Kinderlied, Popsong), dessen Text und Melodie er kennt.
II) Auf Kommando des Spielleiters fangen alle gleichzeitig an, ihr Lied zu singen. Die Auswahl der Stimmlage und des Tempos ist jedem Sänger überlassen. Ist das Lied zuende gesungen, beginnt man sofort wieder von vorne.
III) Der Spielleiter dirigiert nun einen deutlichen Vierertakt. Alle richten sich nach dessen Dirigat in Tempo und Lautstärke.
IV) Alle singen relativ leise im gleichen Tempo nach dem Dirigat des Spielleiters. Dieser zeigt abwechselnd auf einzelne Sänger, die dann sofort ihren jeweiligen Liedausschnitt lauter singen. Tip für den Spielleiter: schnelle Wechsel der Solisten zu Beginn bauen „Vorsingeängste" ab!

Anmerkung:

Meistens ergeben sich witzige Textzusammenhänge durch die verschiedenen Liedausschnitte der Solisten. Um die Singhemmungen am Anfang zu mildern, kann der Spielleiter zwei Zymbeln kräftig anschlagen. Im Schutz des lauten Klanges läßt es sich leichter singen. Ferner können die Zymbeln vergrößerte Ohren symbolisieren, mit denen man die Lautstärke andeuten kann.

Mindestalter 6 Jahre

Spielform:
Stimmspiel, Selbsterfahrungsspiel

Gruppierung:
Kreis

Tempo/Dauer:
ruhig, bis 15 Minuten

Aktivitäten im Spiel:
spontan handeln, schnell reagieren, wahrnehmen

Musikalische Erfahrungen:
– Selbstbestimmtes Singen

– In verschiedenen Rollen singen (Solist, Begleitung)

– Singend vom eigenen zum gemeinsamen Tempo kommen

Holthaus KLANGDÖRFER © Fidula

c — **Mindestalter 10 Jahre**

Spielform:
Musikmalspiel, Interaktionsspiel

Gruppierung:
Kleingruppen mit 4 Spielern

Tempo/Dauer:
ruhig, 10–30 Minuten

Aktivitäten im Spiel:
wahrnehmen, beurteilen/einschätzen, kombinieren, Phantasie entwickeln, kreativ sein, darstellen

Musikalische Erfahrungen:
– Musik in unterschiedlichen Funktionen kennenlernen

– Musik assoziativ hören

– Assoziationen zur Musik zu einem gestalterischen Prozeß führen

– Unterschiedliche Hörauffassungen erkennen und einschätzen

– Musik beim „Theaterspielen" (siehe Anmerkung) als zeitliches Strukturelement erleben

Comic-Strip

In Vierergruppen nach vorgegebenen Musikausschnitten abwechselnd eine Comic-Bildfolge malen.

Vorbereitung:

Cassette mit vier Musikausschnitten von jeweils 1–2 Minuten Länge. Es eignen sich hierfür besonders Ausschnitte aus bekannten Filmmusiken. Der Charakter der 4 Musikbeispiele muß unterschiedlich sein. Für jede Kleingruppe ein DIN-A3-Blatt und Malstifte.

Zunächst werden die Blätter in 4 Rechtecke eingeteilt und numeriert. Dann wird der erste Musikausschnitt vorgespielt und der jüngste Spieler malt eine Comicszene, die nach seiner Meinung zur Musik passen könnte, in das erste Rechteck. Beim nächsten Musikbeispiel malt der linke Nachbar im zweiten Rechteck. Seine Comicszene sollte die erste weiterführen und gleichzeitig zur neuen Musik passen. Dann beginnt der dritte aus der Gruppe usw. Wichtig ist dabei, daß sich die einzelnen Gruppenmitglieder dabei nicht beeinflussen. Wenn die Bilderfolge fertiggestellt ist, entwickelt die Gruppe gemeinsam eine Geschichte, die die Bilder miteinander verbindet (Sprechblase, Unterzeile etc.). Abschließend vergleichen die Kleingruppen ihre Ergebnisse.

Anmerkung:

Dieses Spiel läßt sich zu einer Spielkette weiterentwickeln: Die Gruppe übt ihr Comic als Theaterszene ein, dabei kann dann die verwendete Musik als Hintergrundmusik (Filmmusik) benutzt werden.

Mindestalter 6 Jahre

D

Dampflok

Die Bewegungen einer Dampflokomotive spielen und klanglich darstellen.

Vorbereitung:
Viele verschiedene Rhythmus- und Perkussionsinstrumente und eine Pfeife; jeder Spieler sucht sich für seine Rolle ein Instrument aus.

Jeder Spieler sucht sich ein Lokomotivteil aus, das er mit dem Instrument klanglich darstellen möchte, z. B. schnaubende Ventile, Räder, Stangen, Pfeife usw. Alle setzen sich dann in Fahrtrichtung blickend hintereinander. Nun setzt sich die Lokomotive langsam „in Bewegung". Wenn alle im Spiel sind, erhöht die Lok das Tempo und geht in eine gleichmäßige Fahrt über. Wird die Lok müde, so verlangsamt sie das Tempo, und die Spieler steigen in umgekehrter Reihenfolge als beim Start aus ihrem Spiel aus.

Anmerkung:
Es ist ratsam, vorher das Anfahren und Anhalten der Lokomotive nur mit den Mitteln der Bewegung zu üben.

Spielform:
Verklanglichungsspiel, Bewegungsspiel, Improvisationsspiel, Interaktionsspiel

Gruppierung:
zufällige Ordnung

Tempo/Dauer:
ruhig, bis lebhaft

Aktivitäten im Spiel:
fühlen, wahrnehmen, konzentrieren, Phantasie entwickeln, darstellen

Musikalische Erfahrungen:
– Bewegungen klanglich darstellen

– Sich beim Musizieren dem musikalischen Gesamtprozeß öffnen

– Die eigenen musikalischen Ausdrucksfähigkeiten steigern mit Hilfe des Themas und der Mitspieler

– Musikalische Dynamik als Körperdynamik wahrnehmen

Quelle: Fritz Hegi, Improvisation und Musiktherapie

D — Mindestalter 5 Jahre

Spielform:
Verklanglichungsspiel, Improvisationsspiel, Selbsterfahrungsspiel

Gruppierung:
Halbkreis

Tempo/Dauer:
lebhaft, bis 10 Minuten

Aktivitäten im Spiel:
wahrnehmen, konzentrieren, führen und folgen, kreativ sein

Musikalische Erfahrungen:
– Dynamische musikalische Verläufe klanglich realisieren
– Ein „Orchester" dirigieren
– Sich nach einem Dirigenten richten
– In der Gruppe musizieren

Dirigent und Orchester

Eine(r) dirigiert die Gruppe mit einer Tütenpuppe.

Vorbereitung:
Für jedes Gruppenmitglied ein beliebiges Instrument; Tütenpuppe, eventuell selbst von jedem Gruppenmitglied hergestellt.

Die Gruppe sitzt mit den Instrumenten im Halbkreis vor dem Dirigenten. Mit Hilfe der Tütenpuppe hat dieser die folgenden Möglichkeiten, die Gruppe zum Spielen zu bringen:
a) je mehr der Puppenkopf aus der Tüte heraussteigt, desto lauter spielt das Orchester und umgekehrt.
b) Wenn der Puppenkopf in der Tüte ist, bedeutet das STILLE!
Wenn der Dirigent sein Stück beendet hat, tauscht er seine Rolle mit einem Orchestermitglied.

Variante:
Die Orchestermitglieder ordnen sich nach Instrumentengruppen (Fell-, Holz-, Metall-, Blasinstrumente etc.). Der Dirigent kann dann die einzelnen Instrumentengruppen spielen lassen, indem er das Gesicht der Tütenpuppe eindeutig der jeweiligen Gruppe zuwendet.

Idee: nach Rudolf Nykrin

Mindestalter 6–8 Jahre

D

Duelle

Die Ausdruckskraft der Stimme wird in verschiedenen Situationen erprobt.

Vorbereitung:

Karten mit Duellsituationen für die Halbgruppe.
Folgende Duellsituationen haben sich bewährt:
Tischtennisspiel, Spuck-Duelle z. B. Kirschsteine spucken, Boxkampf, Karate, Ohrfeigen, Tierbegegnungen z. B. Hund und Katze, Kuh und Ziege usw.

Die Karten werden in der Gruppe verteilt, also hat die Hälfte der Gruppe keine Karten.
Während Musik läuft, tauschen alle Spieler untereinander möglichst oft die Karten.
Bei Musikstop sucht sich jeder Spieler mit Karte einen Partner ohne Karte. Die Paare stellen nun die Situationen auf den Karten mit der Stimme und mit Bewegungen dar.

Spielform:
Verklanglichungsspiel, Stimmspiel, Improvisationsspiel, Selbsterfahrungsspiel

Gruppierung:
wechselnde Paare

Tempo/Dauer:
lebhaft, 10–30 Minuten

Aktivitäten im Spiel:
spontan handeln, Phantasie entwickeln, darstellen

Musikalische Erfahrungen:
– Stimmklänge werden als Ausdruck für Gefühle wahrgenommen

– Durch das Zusammenwirken von Sprache und Bewegung werden improvisatorische Prozesse erleichtert

Holthaus KLANGDÖRFER © Fidula

Mindestalter 12 Jahre

Spielform:
Improvisationsspiel, Interaktionsspiel

Gruppierung:
wechselnde Paare

Tempo/Dauer:
ruhig bis lebhaft, 10–30 Minuten

Aktivitäten im Spiel:
wahrnehmen, kreativ sein, empathisch
handeln

Musikalische Erfahrungen:
– Nonverbal mit wechselnden Partnern
   kommunizieren

– Sich „musikalisch" loslassen und/oder be-
   haupten können

– Sich selbstbestimmt in musikalische
   „Abenteuer" wagen

Einsteiger – Aussteiger

Mit wechselnden Partnern improvisieren.

Vorbereitung:
Rhythmus- und Melodieinstrumente zur freien Auswahl.

Eine(r) beginnt auf einem Instrument eine Improvisation. Ein anderer begibt sich mit einem anderen Instrument dazu und improvisiert ebenfalls. Sie spielen solange zusammen, bis der erste aufhört, so daß nun der zweite alleine spielt, bis ein neuer dazukommt. Alle Gruppenmitglieder können natürlich mehrmals ein- bzw. aussteigen.

Anmerkung:
Man muß sich viel Zeit für das Spielen und für die Aufarbeitung der gemachten Erfahrungen lassen.

Idee: nach Gertrud Loos

Mindestalter 5 Jahre

E

Es rappelt in der Dose

Geräuschdosen wahrnehmen, vergleichen und zuordnen.

Vorbereitung:

12 gleiche, verschließbare Dosen (z. B. Filmdosen) werden jeweils mit unterschiedlichen Materialien gefüllt. Je zwei Dosen müssen immer den gleichen Inhalt in möglichst der gleichen Menge haben.

Die Dosen werden gemischt und in 3 Viererreihen untereinander aufgestellt. Die Spieler haben die Aufgabe, durch Schütteln der Gefäße herauszuhören, welche beiden Dosen den gleichen Inhalt haben. Am Ende des Spiels stehen immer zwei Dosen mit dem gleichen Klang nebeneinander. Dann werden die Deckel entfernt und man kann sehen, ob die Lösung richtig ist.

Variante:

Vier verschiedene Materialien werden in unterschiedlicher Menge auf die Dosen verteilt: 6 Streichhölzer, 6 kleine Schraubenmuttern, 6 Kunststoff-Spielpüppchen und 6 kleine Plastikkugeln. Die vier verschiedenen Materialien werden so auf die Dosen verteilt, daß ein, zwei oder drei Stück von einer Sorte sich jeweils in ihnen befindet (3 Mengenmöglichkeiten x 4 Materialien = 12 Dosen). Nun werden die Dosen gemischt und eng zu einem Kreis zusammengestellt. In der Mitte des Kreises drehen die Spieler nacheinander einen kleinen Bleistift. Die Bleistiftspitze zeigt auf die Dose, deren Inhalt erhorcht werden muß. Nennt der Spieler Art und Anzahl des Doseninhalts, öffnet er diese für sich und überprüft zunächst ganz alleine, ob seine Vermutung richtig ist. Ist sie richtig, zeigt er seinen Mitspielern den Inhalt. Ist die Vermutung falsch, wird die Dose ohne Kommentar wieder in den Kreis zurückgestellt.

Idee: nach Maria Montessori

Spielform:
Wahrnehmungsspiel

Gruppierung:
Kreis, 1 Spieler gegenüber der Gruppe

Tempo/Dauer:
ruhig, 10–30 Minuten

Aktivitäten im Spiel:
wahrnehmen, erforschen, konzentrieren, kombinieren, denken

Musikalische Erfahrungen:
– Die auditive Wahrnehmungsfähigkeit in einem spielerischen Prozeß verbessern
– Durch die Wahrnehmungsfähigkeit der anderen Gruppenmitglieder lernen

F — Mindestalter 8 Jahre

Spielform:
Verklanglichungsspiel, Interaktionsspiel

Gruppierung:
Halbkreis aus Kleingruppen mit 3 Spielern

Tempo/Dauer:
ruhig, 10–30 Minuten

Aktivitäten im Spiel:
darstellen, wahrnehmen, konzentrieren, planen

Musikalische Erfahrungen:
– In verteilten Rollen musizieren

– Bilder verklanglichen

– In einer konzentrativen Atmosphäre (Dunkelheit) musizieren

– Die eigene musikalische Idee als Teil des Ganzen erleben

Filmmusik aus dem Weltraum

Musizieranweisungen zum Thema mit der Taschenlampe anleuchten und verklanglichen.

Vorbereitung:
Blätter mit graphischen und schriftlichen Regieanweisungen (siehe folgende Seiten) hängen an der Wand. Die unten angegebenen Instrumente und eine Taschenlampe.

Jeweils 3 Spieler entscheiden sich für einen „Filmausschnitt" und entwerfen mit den angegebenen Instrumenten eine Filmmusik zum „Bild". Zeit zum Üben lassen! Dann wird der Raum verdunkelt und ein Spieler (Regisseur) beleuchtet ein beliebiges Blatt und wechselt dann langsam auf ein anderes. Die Instrumentalisten, die für den jeweiligen Filmausschnitt verantwortlich sind, spielen nach den angegebenen Musizieranweisungen.

Variante:
Die Klangwirkung kann gesteigert werden, wenn ein zweiter Regisseur zeitweise dazukommt.

Anmerkung:
Die angegebenen Instrumente sollen nur ein Vorschlag sein.

Idee: nach Walter Kohlmann

Kälte

Vorschläge für die Instrumentierung:
- Gläser anstreichen
- Becken am Rand streichen
- Metallophon mit Holzschlägel anschlagen
- Klanghölzer (Claves)

Filmmusik aus dem Weltraum

Kopiervorlage

Unendlichkeit

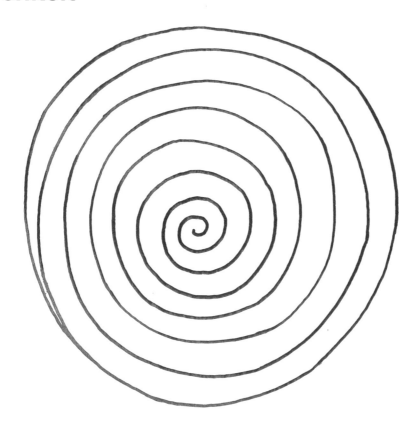

Vorschläge für die Instrumentierung:

– Becken mit Filzschlägel anschlagen

Filmmusik aus dem Weltraum

Weite des Alls

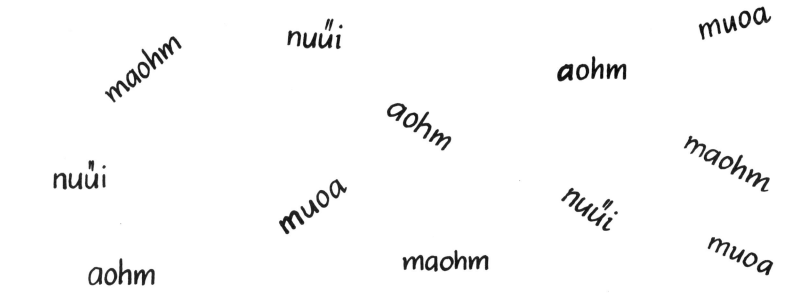

Vorschlag für die Instrumentierung:

– Stimme (Summchor)
  langsame Übergänge von Vokal zu Vokal

Filmmusik aus dem Weltraum

Kopiervorlage

Sternenbahnen

Vorschläge für die Instrumentierung:

– Lotosflöten
– Kazoos

Kopiervorlage — **F**

Leere

PAUSE

Filmmusik aus dem Weltraum

Sterne

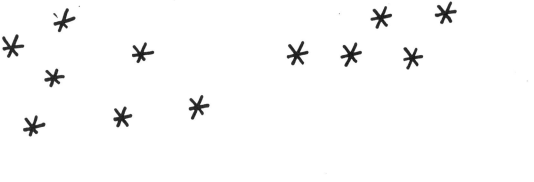

Vorschläge für die Instrumentierung:

– Becken
– Triangel
– Glockenspiel

Mindestalter 8 Jahre

F

Fingermalen

Mit einem oder mehreren Fingern auf einer mit Kleister und Farben präparierten Tapete nach Musik malen.

Vorbereitung:
Für jeden Spieler ein Stück Tapete in DIN-A3-Format: die Malfläche ist mit einer Schicht Tapetenkleister versehen. Eine Auswahl an Pulverfarben, flüssigen Abtönfarben oder auch Fingerfarben wird bereitgestellt. Musik mit deutlichen musikalischen Strukturen und programmatischen Inhalten, z. B. M. Mussorgsky, Gnomus.

Jeder Spieler präpariert seine Malfläche mit Farbtupfern aus Pulver-, Abtön- und/oder Fingerfarben. Die Farbkombination soll der augenblicklichen Stimmung entsprechen. Wenn die Musik läuft, beginnt jede(r) mit einem oder mehreren Fingern eine bildliche Darstellung der Musik, indem jede(r) in seinen Bewegungen auf die Strukturen und/oder auf das Programm (Inhalt) der Musik eingeht.

Anmerkung:
Die Musik geht direkt in den Malprozeß ein. Beim Vorgang des Malens kommt es zu interessanten Farbmischeffekten. Die Bilder trocknen über Nacht, so daß sie später wieder als Einstieg in eine erneute Auseinandersetzung mit dem Musikstück dienen können.

Spielform:
Musikmalspiel, Selbsterfahrungsspiel

Gruppierung:
Alle verteilt im Raum

Tempo/Dauer:
ruhig, 10–30 Minuten

Aktivitäten im Spiel:
wahrnehmen, darstellen, kreativ sein, spontan handeln, Phantasie entwickeln

Musikalische Erfahrungen:
– Musikhören als ganzheitlichen Prozeß erleben
– Verschiedene Aspekte von Musik bildlich darstellen und in Beziehung setzen
– Bei einem Vergleich des entstandenen Bildes mit dem Musikstück tiefer in die Strukturen der Musik eindringen

Holthaus KLANGDÖRFER © Fidula

F — Mindestalter 6 Jahre

Spielform:
Bewegungsspiel, Stimmspiel

Gruppierung:
Alle verteilt im Raum

Tempo/Dauer:
lebhaft, 10–30 Minuten

Aktivitäten im Spiel:
fühlen, darstellen, geschickt verhalten, konzentrieren

Musikalische Erfahrungen:
– Den Zusammenhang von Bewegung und Stimme erleben

– Das Zwerchfell spielerisch als Stütze für die Stimme erleben

– Mit der Stimme „aus sich herauskommen"

Fitness-Studio für das Zwerchfell

Aktionen mit Bewegung und Stimme.

Alle Gruppenmitglieder absolvieren unter der Anleitung eines Trainers folgende Aktionen:

a) Beschwörungshocke: aus dem Hocksitz erhebt man sich ganz langsam und schaukelt dabei das Becken wie ein schwanzwedelnder Hund. Bei dieser Aktion spricht man die Beschwörungsformel „hu-mu-nu-ngu".

b) tönende Rückenrolle: man sitzt mit angezogenen Beinen auf dem Boden und umfaßt von außen die Unterschenkel. Nun rollt man sich zurück und wieder nach vorne. Dabei läßt man die Silbe „na" ertönen.

c) Bärensitz: man sitzt auf dem Boden, hebt die Arme und die Beine an und balanciert leicht zur Seite schaukelnd den Körper. Die Atmung darf dabei nicht blockieren. Genußvoll summt man dabei „hm".

d) Hirschkampf: zwei Spieler stehen einander breitbeinig auf Armlänge gegenüber. Sie legen sich gegenseitig die Hände auf die Schultern, beugen den Oberkörper, bis sich die Köpfe am Scheitel berühren. Nun versuchen sie, sich gegenseitig wegzuschieben unter „Hoi-Rufen".

Idee: Horst Coblenzer und Franz Muhar

—————————————————————————————— Mindestalter 6 Jahre —————— **F**

Frei und gebunden

Abwechselnd auf Stabspielen freimetrisch bzw. metrisch-gebunden spielen.

Vorbereitung:
Für jeden Spieler ein Stabspiel mit zwei Schlägeln – Glockenspiel oder Metallophon. Diese werden kreisförmig um eine Schellentrommel angeordnet. Aus allen Stabspielen sind die Töne f und h herausgenommen (= pentatonische Reihe).

Alle Gruppenmitglieder spielen frei auf ihren Instrumenten, d. h. die Schlägel können parallel, abwechselnd, gegeneinander und auseinander geführt werden. Ein Spieler entschließt sich nun, auf der Schellentrommel ein Metrum (Tempo), Takt oder Rhythmus zu spielen. Alle Stabspieler gleichen daraufhin ihr Spiel dem Metrum, Takt oder Rhythmus an. Dabei kann weiterhin die Schlägelführung variiert werden. Hört der Trommler auf, setzt wieder das freie individuelle Spiel ein.

Spielform:
Wahrnehmungsspiel, Improvisationsspiel, Rhythmusspiel, Interaktionsspiel

Gruppierung:
Kreis

Tempo/Dauer:
ruhig bis lebhaft , 10–30 Minuten

Aktivitäten im Spiel:
wahrnehmen, kombinieren, spontan handeln, improvisieren, kreativ sein

Musikalische Erfahrungen:
– Kreatives Tun als gemeinsames Bemühen erleben, auf immer neue Reize mit einem befriedigenden Gruppenerlebnis zu reagieren

– Den Wechsel von freiem und metrisch-gebundenem Spiel erleben

– Die eigene musikalische Erfahrung im Zusammenhang der spielenden Gruppe sehen

Idee: nach Barbara Haselbach

G — Mindestalter 10 Jahre

Spielform:
Stimmspiel

Gruppierung:
Kreis, Kleingruppen mit 6–10 Spielern

Tempo/Dauer:
ruhig bis lebhaft, 10–30 Minuten

Aktivitäten im Spiel:
darstellen, spontan handeln, kombinieren, konzentrieren, improvisieren

Musikalische Erfahrungen:
– Die Abhängigkeit des Sprachausdrucks von den nichtsprachlichen Anteilen (Mimik, Gestik, Tonfall) erleben

– Die Verschiedenartigkeit in der sprachlichen Darstellung von Gefühlen erkennen

Gefühlssprache – Sprachgefühl

Ein sachlich gehaltener Text wird in verschiedenen Gefühlsstimmungen vorgelesen. Die Gruppe soll das Gefühl erraten.

Vorbereitung:
Karten mit unterschiedlichen Gefühlsausdrücken: z. B. ärgerlich, stolz, traurig, fröhlich, niedergeschlagen, herzlich, übermütig, feindselig, sensibel, abweisend usw. Als Textvorlage ein Kochbuch, Telefonbuch, Börsennachrichten o. ä.

Jeder Teilnehmer zieht einen Zettel mit einem Gefühlsausdruck. Der Reihe nach liest jeder aus seiner Textvorlage vor. Dabei soll beim Vorlesen der Gefühlsausdruck von der gezogenen Karte deutlich werden. Die Gruppe charakterisiert nach dem Vorlesen das „Gefühl".

Anmerkung:
Die Gruppe sollte nicht nur auf die Sprache achten, sondern auch auf die verwendeten mimischen Mittel, auf die Körperhaltung, auf den Tonfall. Statt der Karten können auch Mimürfel verwendet werden.
(Mimürfel = Würfel, deren 6 Seitenflächen mit verschiedenen Gesichtsausdrücken gestaltet sind.)

Holthaus KLANGDÖRFER © Fidula

Mindestalter 10 Jahre

G

Geräuschphantasien

Die Gruppe wird durch den Spielleiter zu inneren Geräuschbildern angeregt.

Jeder Teilnehmer liegt auf einer Decke und schließt die Augen. Eine Entspannungs-
musik läßt die Teilnehmer ruhiger werden, der Atem wird regelmäßiger usw. Nach ca.
5–8 Minuten blendet der Spielleiter die Musik langsam aus und gibt jeweils nach
genügend langen Pausen folgende Hilfen für die Geräuschphantasiereise:
Achte jetzt einmal darauf, was Du hören kannst. (Pause . . .) Welche Geräusche
kannst Du ganz in Deiner Nähe wahrnehmen? (. . . .) Welche Geräusche kommen
von ganz weit her? (. . . .) Versuche jetzt, Dich auf Geräusche zu konzentrieren, die
Du früher einmal gehört hast. Stelle Dir vor, Du bist auf einem Bauernhof. Du kannst
auf diesem Bauernhof viele Geräusche hören (. . . .) Gehe jetzt in den Stall zu den
Kühen. Eine Kuh wird gleich ihr Maul öffnen und muhen. Versuche zu hören, wie die
Kuh im Stall brüllt. (. . . .) Jetzt gehen wir in den Schweinestall. Die Schweine sind
hungrig. Sie beginnen zu quieken und zu grunzen. (. . . .) Gehe jetzt hinaus zu den
Hühnern auf den Hof. Dort steht ein stolzer Hahn mit bunten Federn. Der Hahn holt
tief Luft, streckt den Kopf nach vorn und kräht ein paar Mal. (. . . .) Der Bauer kommt
mit dem Traktor gefahren. Es rattert und knattert. (. . . .) Verlasse jetzt den Hof und
lege Dich ins grüne Gras auf die Wiese. Die Sonne wärmt Dich. Es ist Mittag. In der
Ferne hörst Du die Kirchturmuhr schlagen. (. . . .) Hoch oben am blauen Himmel
zwitschern die Vögel und singen. (. . . .) Ganz in Deiner Nähe summen und brummen einige Insekten. (. . . .) Dunkle Wolken ziehen plötzlich auf, ein Gewitter naht.
Schon hörst Du in der Ferne Donner leise grollen. (. . . .) Das Gewitter kommt näher.
Es blitzt und kracht. Du läufst schnell in das nächste Gasthaus, um Dich vor dem Regen zu schützen. (. . . .) Laß Dir jetzt selber Geräusche einfallen. Konzentriere Dich
auf ein sehr schönes Geräusch, das Du gut kennst. (. . . .) Wo bist Du, wenn Du dieses Geräusch hörst? (. . . .) Laß noch andere Geräusche in Dir auftauchen. (. . . .)
Konzentriere Dich auf Deinen Atem. (. . . .) Atmest Du durch die Nase? Durch den
Mund? (. . . .) Atme durch die Nase und spüre, durch welches Nasenloch mehr Luft
ein- und ausströmt. (. . . .) Lege Dich nun auf die Seite, daß das offene Nasenloch
oben ist. (. . . .) Öffne langsam die Augen.

Spielform:
Wahrnehmungsspiel, Selbsterfahrungsspiel,
Entspannungsspiel

Gruppierung:
Alle verteilt im Raum

Tempo/Dauer:
ruhig, etwas über 30 Minuten

Aktivitäten im Spiel:
wahrnehmen, Phantasie entwickeln, kreativ
sein, erinnern

Musikalische Erfahrungen:
– Sich Geräusche und Klänge vorstellen

– „Musik-Hören" als individuellen psychi-
   schen Prozeß erleben

– Die innere Vorstellung von Klängen als
   Vorbereitung für das „Musizieren" verste-
   hen

G — Mindestalter 5 Jahre

Spielform:
Bewegungsspiel, Selbsterfahrungsspiel,
Entspannungsspiel

Gruppierung:
Alle verteilt im Raum

Tempo/Dauer:
ruhig, 15–30 Minuten

Aktivitäten im Spiel:
wahrnehmen, fühlen, konzentrieren, darstellen

Musikalische Erfahrungen:
– Musik in sensible Bewegung umsetzen
– Phrasierungen nachempfinden
– Musikalische Strukturen entdecken
– Über musikalische Erfahrungen reden

Gleiten nach Musik

Mit beiden Händen zur Musik über eine mit Tapetenkleister präparierte Tapete gleiten.

Vorbereitung:
Eine Tischreihe wird durch eine Abdeckfolie vor Feuchtigkeit geschützt. Auf ihr liegt eine Tapetenbahn, in deren Mitte eine dicke Kleisterspur gegossen wird. Gelegenheit zum Händewaschen einplanen!

Jeder Spieler sucht sich seinen Platz an der Kleistertapetenbahn, verteilt gleichmäßig den Tapetenkleister auf seiner „Spielfläche". Zur Musik fährt jeder nun mit seinen Händen wie ein Eiskunstläufer über die Kleisterbahn, indem er in seiner „Kür" auf die Musik eingeht. Am Ende des Musikstückes schließt sich ein Gespräch über die gemachten Erfahrungen an. Vorschläge für die Auswahl der Musik:
a) W. A. Mozart, Kleine Nachtmusik, Romanze.
b) A. Vivaldi, Die vier Jahreszeiten, alle langsamen Sätze
c) P. Winter, Callings
   oder jedes andere Musikstück, in dem ausgedehnte Phrasierungen zu erkennen sind.

Anmerkung:
Durch die Möglichkeit des sanften Gleitens auf dem Kleister entsteht in der Regel eine sehr sensible Auseinandersetzung mit der verwendeten Musik.

Mindestalter 6 Jahre — G

Glucksbauchschlaf

Beim Nachbarn hören, was alles im Bauch passiert.

Alle Spieler legen sich auf den Rücken. Die Köpfe zeigen zur Mitte, die Beine zeigen nach außen. Jetzt legt einer nach dem anderen seinen Kopf auf den Bauch des rechten Nachbarn und horcht, was alles im Bauch passiert, und spürt, wie dieser atmet. Nach ca. 5 Minuten erzählt jeder Spieler, was er erlebt hat.

Spielform:
Wahrnehmungsspiel, Entspannungsspiel, Interaktionsspiel

Gruppierung:
Kleingruppen mit vier Spielern

Tempo/Dauer:
ruhig, bis 15 Minuten

Aktivitäten im Spiel:
wahrnehmen, fühlen, konzentrieren, empathisch handeln

Musikalische Erfahrungen:
- Körpergeräusche wahrnehmen
- Die Atmung eines anderen bewußt wahrnehmen

Quelle: Ulrich Baer/Werner Thole (Hrsg.),
Kooperatives Verhalten im Spiel, Akademie Remscheid 1985

Mindestalter 6 Jahre

Spielform:
Wahrnehmungsspiel, Improvisationsspiel, Trommelspiel

Gruppierung:
Alle verteilt im Raum, dann Kreis

Tempo/Dauer:
ruhig, 10 bis 30 Minuten

Aktivitäten im Spiel:
blind wahrnehmen, erforschen, fühlen, ertasten, improvisieren

Musikalische Erfahrungen:
– Ein Instrument mit allen Sinnen kennenlernen
– Die Eigenart des Instrumentenklanges besser wahrnehmen
– Differenziertere Ausdrucksmöglichkeiten finden

Glühwürmchen

Form, Geruch, Klang eines Instrumentes erforschen und wiedererkennen.

Vorbereitung:
Für jedes Gruppenmitglied ein Instrument; alle Instrumente (z. B. verschiedene Trommeln) werden mit dem gleichen Symbol aus Leuchtpapier beklebt und frei im Raum verteilt. Der Raum wird abgedunkelt.

Die Gruppenmitglieder gehen in den verdunkelten Raum und dann zu einem Leuchtpunkt. Hier beriechen, (beschmecken), betasten, bespielen sie das gefundene Instrument. Ist der Forschungsdrang gestillt, verlassen sie wieder den Raum. (An der Tür ist ebenfalls ein leuchtendes Symbol angebracht.) Der Spielleiter stellt nun die Instrumente zu einem Kreis zusammen. Alle Gruppenmitglieder sollen ihre Instrumente wiederfinden und im Dunkeln eine Improvisation beginnen. Ein Spieldurchgang endet, wenn einer den Raum erhellt.

Variante:
Nur gleiche Instrumente z. B. Congas nehmen.

Anmerkung:
Vor Spielbeginn müssen die Leuchtpunkte ca. 1 Minute angeleuchtet werden.

Holthaus KLANGDÖRFER © Fidula

Mindestalter 14 Jahre

G

Gruppenkonzert für Solohörer

Der Reihe nach bekommt jedes Gruppenmitglied ein musikalisches Feedback.

Vorbereitung:
Beliebige Rhythmus- und Melodieinstrumente werden kreisförmig um einen Stuhl gelegt.

Zunächst wählt sich jeder Spieler ein Instrument aus. Das Spiel beginnt, indem alle frei um den Stuhl tanzen und sich dabei auf ihren Instrumenten begleiten. Dabei sollen sie immer den Stuhl im Auge haben. Sobald ein Gruppenteilnehmer auf dem Stuhl Platz nimmt, bleiben die Tanzenden stehen und beginnen sofort musikalisch darzustellen, wie sie den Sitzenden morgens wahrgenommen haben. Wird der Stuhl verlassen, beginnt wieder das Tanzspiel, bis ein anderes Gruppenmitglied Platz nimmt. Das Spiel endet, wenn alle mindestens einmal auf dem Stuhl gesessen haben.

Anmerkung:
Die Gruppenteilnehmer sollten schon miteinander vertraut sein.

Spielform:
Verklanglichungsspiel, Bewegungsspiel, Improvisationsspiel, Selbsterfahrungsspiel

Gruppierung:
Kreis

Tempo/Dauer:
lebhaft, bis 30 Minuten

Aktivitäten im Spiel:
wahrnehmen, erinnern, beurteilen, darstellen, empathisch handeln, spontan handeln

Musikalische Erfahrungen:
– Tanzbewegungen verklanglichen
– Gefühle und Stimmungen verklanglichen
– Sich in einer musikalischen Improvisation wahrnehmen bzw. wiedererkennen

Holthaus KLANGDÖRFER © Fidula

H — Mindestalter 8 Jahre

Spielform:
Verklanglichungsspiel, Bewegungsspiel, Stimmspiel

Gruppierung:
Alle verteilt im Raum, wechselnde Klein-gruppen

Tempo/Dauer:
lebhaft, 10–30 Minuten

Aktivitäten im Spiel:
spontan handeln, darstellen, improvisieren, kreativ sein, wahrnehmen, raten

Musikalische Erfahrungen:
– Situationen mit der Stimme verklanglichen
– In wechselnden Situationen und Gruppen-zusammensetzungen musizieren
– In der Gruppe die musikalische Überein-stimmung handelnd erreichen

Handlungen verklanglichen – spontan

Bei Musikstop Handlungen mit der Stimme verklanglichen.

Vorbereitung:
Die Spielfläche wird mit Tesakrepp in vier Felder aufgeteilt; Kärtchen mit Handlungs-situationen: Spaziergang durch den Zoo, im Raucherabteil, Urwalddurchquerung, Horde Reiter, Frühstücken, auf der Rolltreppe, Rallye fahren, Abreise in die Ferien, Besuch auf dem Flugplatz usw.

Während Musik läuft, tanzen alle kreuz und quer durch den Raum. Bei Musikstop bleibt jeder sofort stehen. Alle, die jetzt im gleichen Feld sind, bilden eine Untergrup-pe. Jede Untergruppe nimmt sich ein Kärtchen mit einer Handlungssituation, die mit der Stimme dargestellt werden soll. Die Untergruppen üben kurz. Der Reihe nach spielen sie nun ihr Stimmklangstück vor. Die Zuhörenden schließen dabei die Augen bzw. drehen sich um und erraten anschließend die Handlung. Dann wird wieder zur Musik getanzt usw.

Anmerkung:
Zu empfehlen sind 3–6 Spieldurchgänge.

Idee: nach Ulrich Baer

Mindestalter 8 Jahre

H

Hänschen klein

Den Rhythmus eines Liedes auf einer zufälligen Anordnung von Klangblocktönen spielen.

Vorbereitung:
Für jeden Spieler einen Klangblock mit Schlägel. Es sollten möglichst alle Töne der chromatischen Tonleiter (alle Halbtöne) sein.

Die Gruppe einigt sich auf den Text eines Liedes, z. B. Hänschen klein, und spricht ihn ein paarmal im Rhythmus der Melodie. Nun soll der Rhythmus so in Kreisrichtung nacheinander gespielt werden, daß jeder Spieler jeweils immer nur einen Ton pro Silbe des Liedtextes anschlagen darf. Alle Spieler müssen also immer den Text im Rhythmus mitdenken, damit sie wissen, an welchen Stellen sie ihren Ton spielen müssen. Wenn man den Rhythmus durchgespielt hat, beginnt man direkt wieder von vorne. In der Regel hat nun jeder Spieler eine andere Rhythmusstelle anzuschlagen.

Variante:
Bei gutem Gelingen kann man auch mit Richtungswechsel spielen, der dann aber deutlich von dem jeweiligen Spieler mit dem Körper angedeutet werden muß.

Anmerkung:
Dieses Spiel erfordert schon ein ausgeprägtes Gefühl für Tempo und Rhythmus.

Spielform:
Rhythmusspiel

Gruppierung:
Kreis

Tempo/Dauer:
ruhig, 10–30 Minuten

Aktivitäten im Spiel:
erinnern, konzentrieren, kombinieren, sich einfühlen, wahrnehmen

Musikalische Erfahrungen:
– Den Rhythmus eines bekannten Liedes neu wahrnehmen, da er losgelöst ist von der ursprünglichen Melodie

– Den Rhythmus in der Abhängigkeit vom Metrum erleben

– Rhythmus als Ordnungselement einer sich ständig verändernden Melodie erkennen

Holthaus KLANGDÖRFER © Fidula

H ⎯ Mindestalter 8 Jahre ⎯⎯⎯⎯⎯⎯⎯⎯⎯⎯⎯⎯⎯⎯⎯⎯⎯⎯⎯⎯⎯⎯⎯⎯

Spielform:
Bewegungsspiel, Verklanglichungsspiel, Improvisationsspiel, Interaktionsspiel

Gruppierung:
Halbgruppen

Tempo/Dauer:
ruhig bis lebhaft, 10–30 Minuten

Aktivitäten im Spiel:
darstellen, wahrnehmen, kombinieren, kreativ sein, schnell reagieren, spontan handeln

Musikalische Erfahrungen:
– Gebärden und Farben verklanglichen
– Visuelle Eindrücke als Grundlage für eine Improvisation nehmen

Heinzelmännchenmusik

Nach Farben und Bewegungen mit Tönen improvisieren.

Vorbereitung:
Papiermützen in den Farben schwarz, rot, blau, gelb und grün in mehrfacher Ausführung für die Heinzelmännchen; Klangblöcke (klingende Stäbe) mit den unten angegebenen Tönen für jeden Spieler der Musikgruppe.

Eine Halbgruppe spielt die Heinzelmännchen, die andere ist das Orchester. Die Heinzelmännchen tragen bunte Mützen, die sie für jede Szene neu auswählen. Die Musiker begleiten mit ihren Instrumenten die Spielszenen. Sie richten sich in der melodischen Ausgestaltung nach den Tönen, die zu den Farben der Mützen gehören. Eventuell kann man die Klangblöcke mit entsprechenden Klebepunkten kennzeichnen. Die rhythmische Ausgestaltung der entstehenden Melodien kann sich nach den Bewegungen der Heinzelmännchen richten oder je nach Situation auch frei gewählt sein. Folgende Spielszenen haben sich bewährt:
– einzelne Heinzelmännchen durchschreiten den Raum (= einzelne Töne),
– sie stellen sich nebeneinander auf (= Tonfolge für eine Melodie),
– sie umkreisen sich gegenseitig (= freie Improvisation mit den sichtbaren Tönen),
– ein Knäuel bilden (nur die sichtbaren Töne spielen),
– hüpfen, springen, laufen, gehen, (mit den Tönen Bewegungsrhythmen spielen),
– Liebespaar spielen, jemanden verstecken usw.
Die Heinzelmännchen sollten sich außerhalb des Spielraumes für jede Szene kurz verabreden (welche Farben, welche Szene?).

Idee: nach Diether de la Motte

Heinzelmännchenmusik

Empfehlenswerte Tonskalen mit Zuordnung der Farben:

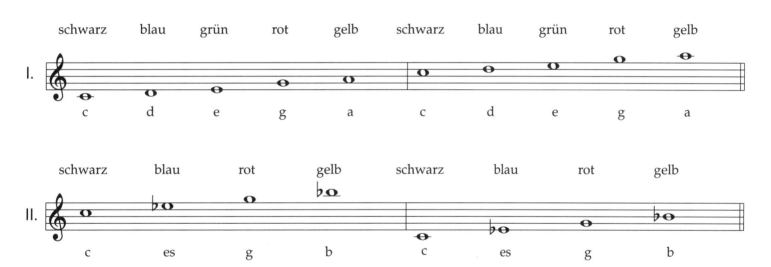

H Mindestalter 8 Jahre

Spielform:
Wahrnehmungsspiel, Verklanglichungsspiel, Stimmspiel

Gruppierung:
Kleingruppen mit 4–6 Spielern

Tempo/Dauer:
lebhaft, 10–30 Minuten

Aktivitäten im Spiel:
darstellen, Phantasie entwickeln, kooperieren, blind wahrnehmen, kombinieren

Musikalische Erfahrungen:
– Außermusikalische Vorgänge mit Stimmgeräuschen darstellen
– Klangkulissen außermusikalisch deuten
– Ausdrucksmöglichkeiten der Stimme erforschen und erweitern

Hörspiel

In Kleingruppen die Geräuschkulisse zu einem Thema mit der Stimme darstellen und erraten.

Vorbereitung:
Karten mit jeweils einem Thema für eine Geräuschszenerie.
Beispiele: Frühlingswiese, Bahnhof, Hafen, Toilette, Feuerwache, Metro, Schulhof, Computermesse usw.

Jede Kleingruppe übt in getrennten Räumen mit den Möglichkeiten der Stimme eine Geräuschszene ein. Zeitvorgabe ca. 10 Minuten! Dann kommen alle wieder zusammen und führen sich gegenseitig ihr „Hörspiel" vor, wobei sich die ratenden Gruppen abwenden bzw. die Augen schließen. Nach einer kurzen Beratung geben die verschiedenen Kleingruppen ihren Tip ab.

Idee: nach Jürgen Fritz

Improvisation mit Skalen

Zu einem gesungenen Ostinato Schritt für Schritt nach einer Skala auf dem Keyboard improvisieren.

Vorbereitung:

Das u. a. Ostinato wird vom Spielleiter Schritt für Schritt eingegeben, d. h. zuerst einstimmig, dann zweistimmig usw. Ein Keyboard (eventuell ein zweireihiges Xylophon), Klebepunkte.

Alle Gruppenmitglieder stehen im Kreis um das Keyboard und singen das 4-stimmige Ostinato. Der Reihe nach improvisieren die Spieler auf dem Keyboard zum Ostinato zuerst mit einem Ton, dann mit zwei Tönen usw. Die Töne werden mit Klebepunkten auf den Tasten markiert: zuerst ein Ton, dann zwei Töne usw. Die Reihenfolge ist aus der u. a. Skala zu ersehen.

Anmerkung:

Es ist häufig zu beobachten, daß die Improvisierenden zu Anfang sehr viel und möglichst kompliziert spielen. Wenig, dafür aber rhythmisch prägnant ist besser! Das gesungene Ostinato gibt dem Solisten harmonischen und rhythmischen Halt. Vergleiche: PAUSENFÜLLER.

Spielform:
Stimmspiel, Improvisationsspiel

Gruppierung:
Kreis

Tempo/Dauer:
ruhig, 10–30 Minuten

Aktivitäten im Spiel:
singen, erforschen, konzentrieren, spontan handeln, kreativ sein, instrumental improvisieren

Musikalische Erfahrungen:
– Sich in kleinen Schritten an eine Improvisation wagen, die an Rhythmus, Melodie und Harmonie gebunden ist

– Als Gruppe einem Solisten durch ein Ostinato eine sichere Basis für eine Improvisation geben

Idee: nach Werner Rizzi

Improvisation mit Skalen

Ostinato

Improvisationsskala

3   5   4   (7)   1   6   2

Grafische Darstellung der Improvisationsskala

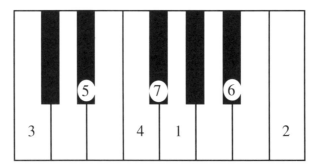

Improvisation mit Vornamen

Den Vornamen in einzelne Klangsilben zerlegen und daraus neue Phantasiewörter erfinden und singen.

Jeder aus der Kleingruppe erfindet Lautmodulationen seines Vornamens, z. B. Michael: ma-cha-mi-al-che-li-mih-mich oder Klaus: kla-kla-au-us-lau-aus-klas-klas-klaus.
Nach folgenden Regeln kann man nun in Kleingruppen spielen:
– Der Reihe nach setzen die Gruppenmitglieder mit ihren Phantasiewörtern ein. Wichtig ist dabei, daß rhythmisch gesprochen wird (Rap).
– Alle singen jeweils immer kurze Sequenzen ihrer Namenmutationen (Stimmtraube).

Mindestalter 8 Jahre

Spielform:
Stimmspiel, Improvisationsspiel, Rhythmusspiel

Gruppierung:
Kleingruppen mit 4–6 Spielern

Tempo/Dauer:
lebhaft, etwas über 10 Minuten

Aktivitäten im Spiel:
sprachlich darstellen, kreativ sein, singen, spontan handeln

Musikalische Erfahrungen:
– Sprechrhythmen erfinden und in einem gestalterischen Prozeß anwenden

– Den eigenen Rhythmus in einem polyrhythmischen Ostinato durchhalten

– Vom rhythmischen Sprechen ins Singen wechseln

Mindestalter 10 Jahre

Jeder hat nur einen Ton

Lieder mit Klangblöcken (klingenden Stäben) spielen.

Spielform:
Wahrnehmungsspiel, Rhythmusspiel, Interaktionsspiel

Gruppierung:
Kreis

Tempo/Dauer:
ruhig, 10–30 Minuten

Aktivitäten im Spiel:
kombinieren, konzentrieren, schnell reagieren

Musikalische Erfahrungen:
– Noten beim Spielen mitlesen

– Musizieren bewußt als zeitliches Ereignis erfahren

– Das Metrum als Grundlage für gemeinsames Musizieren erkennen

– Den melodischen und rhythmischen Verlauf „mitdenken", d. h. im voraus empfinden

– Mit nur einem Ton eine wichtige Rolle spielen

Vorbereitung:
Für jeden Ton der Liedmelodie wird der entsprechende Klangblock (klingender Stab) und ein Schlägel bereitgelegt. Für das angegebene Beispiel auf der folgenden Seite also die Stäbe a'– g'' für die Melodie A; g'– g'' ohne f'' für die Melodie B.

Jeder Spieler nimmt sich einen Klangblock und einen Schlägel. Bei dem angegebenen Beispiel sind es je 7 Spieler für jede Melodie. Jeder Spieler läßt seinen Ton dann erklingen, wenn er in der Folge der Melodie an der Reihe ist. Das gemeinsame Tempo ist also die Grundlage für das Gruppenspiel. Nach ca. 15–20 Minuten Probe in getrennten Räumen kommen beide Teilgruppen wieder zusammen. Der Spielleiter dirigiert einen deutlichen 4er Takt, zu dem nun die beiden Gruppen spielen.

Variante:
Jeder Spieler summt seinen Ton beim Spielen.

Variante:
Statt zu spielen, singt jeder seinen Ton.

Anmerkung:
Dieses Spiel ist auch eine Notenleseübung. Am leichtesten geht es mit einfachen Kinderliedern in der Tonart C-Dur. Man kann sich dann rhythmisch nach dem Text richten.

Jeder hat nur einen Ton

Auswahl der Klangblöcke:

– Melodie A: a' – g''

– Melodie B: g' – g'' <u>ohne</u> f''

Melodie A

Melodie B

Mindestalter 6 Jahre

Spielform:
Verklanglichungsspiel, Improvisationsspiel,
Interaktionsspiel

Gruppierung:
Alle verteilt im Raum, dann Halbkreis

Tempo/Dauer:
ruhig, 10–30 Minuten

Aktivitäten im Spiel:
graphisch darstellen, kreativ sein, kombinieren, konzentrieren

Musikalische Erfahrungen:
– Musikalische Verläufe graphisch darstellen
– In der Gruppe ein Klangmusikstück komponieren
– Klangverläufe mitlesen und/oder im voraus lesen
– Musikalische Prozesse nonverbal initiieren

Kästchenpartitur

Der Verlauf eines Klangmusikstückes wird graphisch dargestellt und gespielt.

Vorbereitung:
Beliebige Instrumente; für jeden 4 Blätter (DIN A 4), Filzstifte. Jedes Gruppenmitglied faltet seine Blätter so, daß damit der Verlauf der Klanglautstärke zum Ausdruck kommt, also

☐ = laut

▷ = leiser werdend

☐ = leise

◁ = lauter werdend

Dann nimmt sich jeder Spieler ein Instrument und probiert aus, welche Klänge er finden kann. Er wählt nun vier Klänge aus und ordnet sie den gefalteten Blättern zu, indem er die Klänge darauf graphisch darstellt. Die Gesamtgruppe entwickelt mit den Blättern eine Partitur (Verlauf) eines Klangmusikstückes: die Blätter werden also nebeneinandergelegt. Ein Spieler fährt nun mit einem Stab an der Blätterpartitur entlang, die anderen spielen jeweils auf ihrem Instrument die Klänge, die auf ihren Blättern dargestellt sind. Der Verlauf der Klanglautstärke richtet sich dabei nach den Formen der Blätter.

Variante:
Die Blätter können auch so geordnet werden, daß alle gleichen Instrumente jeweils eine Reihe bilden.

Anmerkung:
Im Fall einer Tonbandaufnahme kann man anschließend die Partitur mitlesen (elementares Lesespiel).

Kern und Schale

Im Kern einer Großgruppe bewegt sich ein Spieler. Seine Bewegungen werden von der Gruppe mit Instrumenten verklanglicht.

Vorbereitung:

Beliebige, tragbare Instrumente für jeden Spieler zur Auswahl. Inmitten eines Kreises von Spielern führt ein Gruppenmitglied (Kern) mit dem ganzen Körper Bewegungen aus, die folgende Kontraste ausdrücken können: groß-klein, schnell-langsam, einfach-vielschichtig, abrupt-fließend, laut-leise usw. Die Gruppe steht mit ihren Instrumenten als Schale kreisförmig um den Kern und interpretiert die Bewegungskontraste mit den Instrumenten und durch die Distanz zum Kern: wenn der Kern sich z. B. klein macht, bewegt sich die Schale weiter weg vom Kern und spielt leise. Sie nähert sich und wird lauter, wenn er sich groß macht.

Idee: Reinhold Rabenstein und Rene Reichel

Spielform:
Bewegungsspiel, Improvisationsspiel, Interaktionsspiel

Gruppierung:
Kreis, 1 Spieler in der Mitte des Kreises

Tempo/Dauer:
ruhig bis lebhaft, bis 10 Minuten

Aktivitäten im Spiel:
wahrnehmen, darstellen, kooperieren, kombinieren, konzentrieren, schnell reagieren

Musikalische Erfahrungen:

– Ein Bewegungsbild zum Klangbild werden lassen

– Gegensätze (leise-laut, schnell-langsam etc.) klanglich und körperlich darstellen

– Dem Spieler im Kern ein musikalisches Feedback geben

Mindestalter 8 Jahre

Spielform:
Wahrnehmungsspiel, Improvisationsspiel, Interaktionsspiel

Gruppierung:
Kreis

Tempo/Dauer:
ruhig, 10–30 Minuten

Aktivitäten im Spiel:
wahrnehmen, erinnern, erforschen, konzentrieren, kreativ sein, empathisch handeln

Musikalische Erfahrungen:
– Töne in immer neuen Zusammenhängen wahrnehmen
– Motive erkennen und bewußt gestalten
– Melodien erkennen und diese dynamisch und rhythmisch gestalten

Klangblockmelodien

Aus einer zufälligen Anordnung von Tönen spielt und erkennt die Gruppe immer wieder neue Melodien.

Vorbereitung:
Klangblöcke der chromatischen Skala, d. h. Halbtonleiter und Schlägel ungeordnet in der Mitte eines Kreises.

Jedes Gruppenmitglied nimmt sich einen Klangblock und einen Schlägel und setzt sich damit auf die Kreislinie. Einer schlägt seinen Klangblock an. Der rechte Nachbar spielt seinen Ton erst, wenn der vorige verklungen ist usw. Es entsteht eine Melodie aus unterschiedlich langen Tönen.

Variante:
Der rechte Nachbar entscheidet selber, wann er spielt.

Variante:
Durch Hinwendung zum rechten Nachbarn bringt man diesen zum Spielen usw.

Variante:
Wenn ein Spieler glaubt, daß er den letzten Ton eines deutlich hörbaren Motivs spielt, kann er den Spielverlauf durch eine deutliche Körperhaltung anhalten. Spielt er seinen Ton dann noch einmal, kann der rechte Nachbar weiterspielen. Jeder Spieler schlägt sonst nur einmal seinen Klangblock an.

Variante:
Der Textrhythmus eines bekannten Liedes wird so auf die Klangblöcke übertragen, daß jeder Spieler immer nur seinen Ton für <u>eine</u> Silbe des Textes spielt.

Variante:
Wie Variante 4 aber mit Richtungswechsel.

Holthaus KLANGDÖRFER © Fidula

Klangblockorchester

Vier Spieler bilden ein Orchester und entwickeln mit den zur Verfügung stehenden Klangblöcken ein kleines Musikstück.

Vorbereitung:

Für jedes Gruppenmitglied zwei unterschiedliche Klangblöcke (klingende Stäbe) und einen Schlägel.

Alle Teilnehmer bewegen sich still mit ihren Klangblöcken durch den Raum. Sobald ein Gruppenmitglied anfängt, auf seinem Klangblock zu spielen, sucht sich jeder einen Partner. Alle Paare suchen sich nun spielend ein weiteres Paar und bilden damit ein „Orchester". Danach ist wieder Stille. Jedes „Orchester" komponiert nun (eventuell in verschiedenen Räumen) mit den 8 zur Verfügung stehenden Klangblöcken ein Musikstück, das nach einer „Orchesterprobe" den anderen vorgespielt werden soll.

Anmerkung:

Die Versuchung, bekannte Melodien nachzuspielen, kann man verhindern, wenn Klangblöcke aus der chromatischen Skala (nicht aus der diatonischen Skala) genommen werden.

Spielform:
Wahrnehmungsspiel, Improvisationsspiel, Interaktionsspiel

Gruppierung:
Alle verteilt im Raum, Paare, Kleingruppen mit 4 Spielern

Tempo/Dauer:
ruhig, etwas über 30 Minuten

Aktivitäten im Spiel:
wahrnehmen, kooperieren, improvisieren, komponieren, kreativ sein, sich flexibel verhalten

Musikalische Erfahrungen:
– Neue Tonbeziehungen herstellen, erleben und genießen
– Verfeinern der auditiven Wahrnehmung und des musikalischen Ausdrucks (Vorübung für größere musikalische Prozesse)

Mindestalter 6–12 Jahre

Spielform:
Bewegungsspiel, Musikmalspiel, Selbsterfahrungsspiel

Gruppierung:
Paare

Tempo/Dauer:
ruhig, 30–60 Minuten

Aktivitäten im Spiel:
wahrnehmen, Phantasie entwickeln, kreativ sein, darstellen

Musikalische Erfahrungen:
– Sich in der Darstellungs- und Ausdrucksfähigkeit entfalten können durch den planvollen Gebrauch von Musik, Bewegung, Rhythmus, Raum und Farbe
– Musik mehrdimensional erschließen: auditiv, taktil, visuell
– Die eigenen Hörauffassungen über eine ausgewählte Musik multimedial an einen Partner weitergeben

Klangfarben – Farbklänge

Ein T-Shirt mit Schultemperafarben nach Musik bemalen.

Vorbereitung:
Weißes T-Shirt und Schultempera- bzw. Fingerfarben in den Grundfarben für jedes Gruppenmitglied; Instrumentalmusik mit langen Phrasierungen:
Paul Winter, CALLINGS, living music, LD 0001
Paul Winter, CANYON, living music, LD 0006
Albert Mangelsdorf, LISTEN AND LAY BACK, Dino music, CD 1973

Das Spiel läuft in drei Stufen ab: einzeln hören, zu zweit ohne Farbe, zu zweit mit Farbe. Jede(r) hört zunächst mit geschlossenen Augen das Musikstück, verfolgt die melodischen Linien, die Klangfarbenverläufe. Dann bildet man Paare. Eine(r) legt sich bäuchlings auf eine Decke, der andere kniet daneben und „malt" die Musik mit den Fingern auf dem Rücken des Liegenden. In der dritten Stufe hat der Liegende sein T-Shirt an. Dieses wird nun zur Musik mit den Farben (Farbe am Finger) bemalt. Die Gestaltung soll nach Form und Farbe möglichst genau der Musik entsprechen. Dann Rollenwechsel!

Holthaus KLANGDÖRFER © Fidula

Klangmarionette

Die Bewegungen einer „Marionette" durch Klänge bestimmen.

Vorbereitung:
Für jede Kleingruppe fünf Instrumente unterschiedlicher Klangqualität, z. B. Klanghölzer, Handtrommel, Triangel, Rassel und Flöte.

Ein Mitglied der Kleingruppe ist die Marionette. Diese hat die Aufgabe, fünf vorher verabredete Körperteile zu bewegen, wenn sie die vorher zugeordneten Instrumentenklänge hört. Das Spiel endet, wenn die Marionette „lebendig" wird und ihre Rolle mit einem Instrumentenspieler tauscht.

Variante:
Die Marionette muß ihre Bewegungen den Klangverläufen anpassen, z. B. rhythmische Klänge = rhythmische Bewegungen, kurze Klänge = ruckartige Bewegungen, leise Klänge = vorsichtige Bewegungen.

Variante:
Wenn die Marionette lebendig wird, müssen die Mitspieler ihre Instrumente nach den Bewegungen der Marionette spielen.

Anmerkung:
Die Zuordnung der Instrumente und die Körperteile, die bewegt werden sollen, werden in jeder Kleingruppe verabredet.

Mindestalter 5 Jahre

Spielform:
Wahrnehmungsspiel, Bewegungsspiel, Interaktionsspiel

Gruppierung:
Kleingruppen mit 3 Spielern

Tempo/Dauer:
ruhig, 10–30 Minuten

Aktivitäten im Spiel:
wahrnehmen, konzentrieren, kombinieren, geschickt verhalten

Musikalische Erfahrungen:
– Musik als Kommunikationsmittel erleben

– Klangverläufe durch Bewegung ausdrücken – Bewegungen klanglich darstellen

Mindestalter 6 Jahre

Spielform:
Wahrnehmungsspiel, Bewegungsspiel, Improvisationsspiel

Gruppierung:
Alle verteilt im Raum, dann wechselnde Halbgruppen

Tempo/Dauer:
ruhig bis lebhaft, 10–30 Minuten

Aktivitäten im Spiel:
wahrnehmen, schnell reagieren, improvisieren, tänzerisch darstellen, spontan handeln

Musikalische Erfahrungen:
– Unterschiedliche Klangeindrücke in Tanzbewegungen umsetzen
– Musikalische und tänzerische Ausdrucksmöglichkeiten entdecken, erweitern und verändern
– Sich musikalisch und tänzerisch flexibel verhalten

Klangtanz

Unterschiedliche Klangeindrücke durch Tanzbewegungen zum Ausdruck bringen.

Vorbereitung:
Instrumente aus verschiedenen Instrumentengruppen, z. B. Zymbeln, Handtrommeln, Klanghölzer, Rasseln werden in mehrfacher Ausführung so auf dem Boden verteilt, daß man um sie herumtanzen kann. Die Anzahl der gleichen Instrumente entspricht der Anzahl der Teilnehmer einer Halbgruppe.

Die Teilnehmer umgehen oder umtanzen die auf dem Boden liegenden Instrumente. Wenn der Spielleiter eines der Instrumente spielt, versuchen die Teilnehmer schnell, das gehörte Instrument zu nehmen und beginnen sofort mit einer kleinen Klangimprovisation. Die Teilnehmer ohne Instrument tanzen dazu. Jeder Spieldurchgang endet mit einem besonderen akustischen Zeichen (z. B. leise Musik vom Tonträger).

Variante:
Um mehr musikalische und tänzerische Möglichkeiten zu schaffen, kann der Spielleiter auch zwei Instrumente spielen. Dann muß die Anzahl der gleichen Instrumente halbiert werden.

Anmerkung:
Es ist ratsam, die Teilnehmer vorher mit den Spieltechniken der Instrumente vertraut zu machen.

Holthaus KLANGDÖRFER © Fidula

Mindestalter 4–6 Jahre

Konzert mit Solisten

Die Gruppenmitglieder musizieren abwechselnd als Gruppe und als Solisten.

Vorbereitung:

Ein Gymnastikreifen o. ä. liegt in der Mitte des Raumes auf dem Boden; für alle Teilnehmer ein beliebiges Instrument.

Alle Gruppenmitglieder spielen ihre Instrumente und tanzen dabei frei durch den Raum. Wenn ein Spieler in den Gymnastikreifen springt, hören alle anderen auf zu spielen und lauschen der Musik des Solisten. Springt er wieder aus dem Gymnastikreifen heraus, ist er wieder Mitglied des Orchesters und das Spiel beginnt von vorn.

Variante:

Die Solisten spielen ein Thema, z. B. Klettertour, Rutschpartie, Regenbogen, Sonnenaufgang etc. Eventuell Karten mit Themen vorbereiten.

Variante:

Ein Gruppenmitglied spielt zusätzlich den Dirigenten und zeigt an, wie das Orchester sein Stück spielen soll, z. B. ein bestimmter Rhythmus, Applaus, Sonnenschein etc.

Spielform:
Bewegungsspiel, Improvisationsspiel, Selbsterfahrungsspiel

Gruppierung:
Alle verteilt im Raum, dann ein Spieler vor der Gruppe

Tempo/Dauer:
lebhaft, 10–30 Minuten

Aktivitäten im Spiel:
wahrnehmen, Phantasie entwickeln, kreativ sein, schnell reagieren

Musikalische Erfahrungen:
– Tanz und Instrumentenspiel koordinieren
– Den Unterschied von Solo- und Tuttispiel erleben
– Sich in den musikalischen Ausdruck eines einzelnen einfühlen

---

Holthaus KLANGDÖRFER © Fidula

Mindestalter 5 Jahre

Spielform:
Wahrnehmungsspiel, Selbsterfahrungsspiel

Gruppierung:
Alle verteilt im Raum

Tempo/Dauer:
ruhig, 10–30 Minuten

Aktivitäten im Spiel:
blind wahrnehmen, kombinieren, konzentrieren, ertasten

Musikalische Erfahrungen:
– Sich blind nach Klangfarben orientieren

Labyrinth

Sich blind in einem Seillabyrinth nach Klängen orientieren.

Vorbereitung:
In einer Höhe von 10 bis 20 cm über den Köpfen der Spieler werden Tastspuren (z. B. zwischen Bäumen) aus Wäscheleinen wie ein großes Rasterfeld gespannt. An den Kreuzungen hängen Instrumente mit verschiedenen Klangqualitäten (Metall-, Holz-, Fellklänge).

Beispiel:

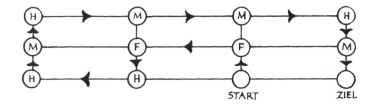

Mit geschlossenen Augen (eventuell Augenbinde oder siehe Variante 1) tasten sich die Spieler vom Start aus zu den Kreuzungen, spielen dort das Instrument und entscheiden dort aufgrund des Klanges die Richtung: Metall = geradeaus weiter, Holz = rechts abbiegen, Fell = links abbiegen. Am Ziel wartet auf jeden eine Belohnung, z. B. Schale mit Glaskugeln.

Variante:
Das Spiel läßt sich auch gut in einem verdunkelten Raum durchführen. Eventuell Leuchtpunkte an die Instrumente kleben.

Variante:
Die Richtung wird durch die Lautstärke angegeben: laute Rassel = rechts, leise Rassel = links, keine Rassel oder anderes Instrument = geradeaus.

Lautgedicht

Unterschiedliche Äußerungsformen werden hinsichtlich ihrer Dynamik und ihrer Stimmhöhe graphisch dargestellt und anschließend „gespielt".

Vorbereitung:
Für jede Kleingruppe ein DIN-A3-Blatt und ein Filzstift.

Bezeichnungen unterschiedlicher Äußerungsformen, wie schreien, knurren, gurgeln, murmeln, seufzen, heulen, zischen, stöhnen, blöken, summen, schnattern, brummen, lachen, schnauben, ächzen, flüstern, aufschluchzen, pfeifen, kichern, kreischen etc., werden kreuz und quer, groß und klein auf das Blatt geschrieben und durch eine Linie miteinander verbunden. Nun müssen noch Richtungspfeile auf die Linie gezeichnet werden, um die Leserichtung festzulegen. Die Schriftgröße eines Wortes bestimmt die relative Lautstärke. Die Position im oberen oder unteren Teil des Blattes bestimmt die relative Sprachklanghöhe. Je weiter man sich auf der Linie dem jeweiligen Wort entfernt, desto leiser wird die Stimme; je mehr man sich nähert, desto lauter. Die Kleingruppen tragen nach einer Phase des Übens gegenseitig ihre Lautgedichte vor.

Variante:
Die gleichen Spielregeln mit Vokalen.

Anmerkung:
Einer aus der Kleingruppe sollte Dirigent sein und mit einem Stab an der Linie entlangzeigen.

Mindestalter 8 Jahre

Spielform:
Verklanglichungsspiel, Stimmspiel

Gruppierung:
Kleingruppen mit 3–8 Spielern

Tempo/Dauer:
ruhig bis lebhaft, 10–30 Minuten

Aktivitäten im Spiel:
erforschen, kombinieren, darstellen

Musikalische Erfahrungen:
– Den sprachlichen Ausdruck und seine dramaturgische Wirkung erleben und steigern
– Optische Elemente des geschriebenen Wortes mit der Stimme hörbar machen
– In Kleingruppen ein Stimmstück komponieren

L **Mindestalter 5–8 Jahre**

Spielform:
Wahrnehmungsspiel, Bewegungsspiel,
Stimmspiel, Interaktionsspiel

Gruppierung:
Alle verteilt im Raum, dann Kleingruppen mit
3–8 Spielern

Tempo/Dauer:
lebhaft, bis 10 Minuten

Aktivitäten im Spiel:
wahrnehmen, schnell reagieren, flexibel
handeln

Musikalische Erfahrungen:
– Alleine und in unterschiedlichen Gruppen-
  konstellationen singen
– Sich singend räumlich und personell orientieren
– Sich singend durchsetzen, d. h. in Kleingruppen laut singen

Lieder-Mat(s)ch

Mehrere Gruppen singen gleichzeitig verschiedene Lieder.

Vorbereitung:
Karten werden mit Liedanfängen beschriftet, die die Gruppenmitglieder kennen. Die
Anzahl der gleichen Liedanfänge bestimmt die Größe der Untergruppen. Rhythmi-
sche, sich für spontanes Tanzen eignende Musik.

Die Karten mit den Liedanfängen werden in der Gesamtgruppe verteilt. Während vor-
bereitete Musik läuft, werden die Karten untereinander dreimal getauscht. Bei Musikstop singt jedes Gruppenmitglied sofort das Lied seiner Karte und sucht singend(!)
die Teilnehmer mit dem gleichen Lied. Diese haken sich ein und singen gemeinsam
als Gruppe weiter. Bei erneuter Musik lösen sich die Teilnehmer und tauschen wieder
dreimal die Karten. Das Spiel ist beendet, wenn der Spielleiter die Musik langsam
ausblendet (fade out).

Variante:
Für den Einsatz im Kindergarten eignen sich Karten mit Symbolen für bekannte Lieder, z. B. Tiersymbole für bekannte Tierlieder, Märchenfiguren für bekannte Märchen-
lieder usw.

Anmerkung:
Die Spannungskurve im Spiel nimmt in der Regel nach 3 bis 5 Durchgängen ab.

Idee: Ulrich Baer

Mindestalter 6 Jahre

L

Liederkette

Einzelne Gruppenmitglieder singen abschnittweise bekannte Lieder.

Vorbereitung:
Eventuell Karten mit Liedanfängen, die der Gruppe bekannt sind.

Ein Gruppenmitglied singt die erste Zeile eines bekannten Liedes. Sein rechter Nachbar singt die zweite Zeile usw. Das geht auf diese Weise weiter, bis jemand den Text der Zeile nicht mehr kennt. Dieser beginnt dann mit einem neuen Lied; der rechte Nachbar singt davon die zweite Zeile usw.

Variante:
Das Spiel ist auch mit Richtungswechsel möglich.

Anmerkung:
Man kann dieses Spiel auch bei einer großen Gruppe für die Einteilung in unterschiedliche Kleingruppen benutzen: diejenigen, die die Zeilen gesungen haben, die zu einem Lied gehören, bilden anschließend eine Teilgruppe.

Spielform:
Stimmspiel, Selbsterfahrungsspiel

Gruppierung:
Kreis

Tempo/Dauer:
ruhig, bis 10 Minuten

Aktivitäten im Spiel:
erinnern, konzentrieren

Musikalische Erfahrungen:
– Allein singen vor der Gruppe

– Verschiedene Lieder teilweise in neuen Zusammenhängen wahrnehmen

– Ein Liederpotpourri erstellen

Idee: nach Ger Storms

L Mindestalter 5 Jahre

Spielform:
Wahrnehmungsspiel, Verklanglichungsspiel, Bewegungsspiel

Gruppierung:
Kreis, Kleingruppen mit 3–8 Spielern

Tempo/Dauer:
lebhaft, bis 10 Minuten

Aktivitäten im Spiel:
wahrnehmen, darstellen, schnell reagieren, konzentrieren

Musikalische Erfahrungen:
– Farben und Bewegungen klanglich darstellen
– Das Phänomen „leicht" musikalisch zum Ausdruck bringen
– Flexibel musizieren aufgrund der wechselnden Luftballonbewegungen

Luftballons mit Triangeln

Die Bewegungen von Luftballons mit Triangeln begleiten.

Vorbereitung:
Luftballons in unterschiedlichen Farben; Triangeln in verschiedenen Größen.

Drei Gruppenmitglieder bilden das Orchester mit drei verschieden großen Triangeln. Die Triangeln werden den Farben der Luftballons zugeordnet: kleinste Triangel für die hellste Farbe, größte Triangel für die dunkelste Farbe etc. Die Restgruppe bildet einen Sitzkreis und spielt sich die Luftballons gegenseitig zu. (Durch Antippen mit dem Finger oder mit dem Handrücken ständig in der Luft halten!) Zuerst mit einem Luftballon, dann mit zwei usw. Jede Berührung der Luftballons bedeutet ein Anschlagen der jeweils zugeordneten Triangel. Die Luftballongruppe kann das entstehende Triangelklangstück weiter beeinflussen durch Wegnehmen bzw. Hinzufügen eines Luftballons.

Anmerkung:
Es dauert einige Zeit, bis sich die beiden Gruppen aufeinander eingespielt haben.

Holthaus KLANGDÖRFER © Fidula

Mindestalter 14 Jahre

Mein zweites Gesicht

Sein „zweites Gesicht" farbig gestalten und klanglich darstellen.

Vorbereitung:
Für jedes Gruppenmitglied einen Standardkopf: wenn man die Vorlage zweimal vergrößert (DIN A4 nach DIN A3), erscheint der Kopf in DIN-A4-Größe; Schultemperafarben oder Abdeckfarben in den Grundfarben; beliebige Melodie- und Rhythmusinstrumente.

Jedes Gruppenmitglied zeichnet den Standardkopf so um, daß man die Hauptlinien des eigenen Gesichtes wiedererkennen kann (eventuell vor einem Spiegel), also z. B. breitere Nase, größeren und schmaleren Mund, kürzere Stirn, Haaransatz weiter oben usw. Dann gestaltet jeder sein Portrait mit den Farben: wo male ich kalte Farben, wo warme, wo soll es Mischungen geben, wo sind die Grenzen für die einzelnen Farben usw.? Dann bildet man Paare, präpariert seine Gesichtshaut gut mit Nivea– oder Penatencreme und läßt sich vom Partner nach der erstellten Vorlage das Gesicht anmalen. Keine Angst, das Jucken auf der Haut dauert maximal 10 Minuten, dann spürt man die Farbe nicht mehr. Nun wählt sich jeder die Instrumente aus, die er für die klangliche Realisation seines Farbgesichtes gebraucht: mit welchen Klängen stellt man die Grundfarben dar, wie kann man Farbmischungen klanglich darstellen, wie drücke ich den Rhythmus der Formen aus? Nun bilden alle Gruppenmitglieder mit ihren Instrumenten einen Kreis. Der Reihe nach spielt jeder sich und sein Werk vor. In der Regel ergeben sich anschließend sehr intensive Gespräche.

Anmerkung:
Dieses Spiel läßt sich gut mit den Spielen NAMEN TANZEN, TANZTROMMEL – TROMMELTANZ, TROMMELSTREIT zu einer Spielkette verbinden.

Spielform:
Verklanglichungsspiel, Selbsterfahrungsspiel

Gruppierung:
Alle verteilt im Raum, dann Paare, dann Kreis

Tempo/Dauer:
ruhig, 60–120 Minuten

Aktivitäten im Spiel:
wahrnehmen, Phantasie entwickeln, gestalten, fühlen

Musikalische Erfahrungen:
– Farben verklanglichen und deren „Farbklänge" in Beziehung setzen

– Sich klanglich darstellen

M — Kopiervorlage

Standardkopf (idealtypisch) für das Spielportrait (nach A. Dürer)

Kopiervorlage zweimal von A 4 nach A 3 vergrößern, um das richtige Spielformat zu bekommen.

Mein zweites Gesicht

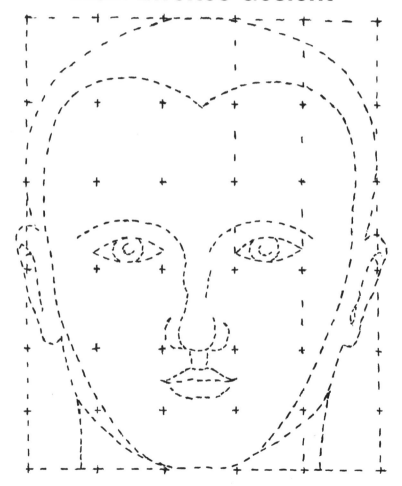

Holthaus KLANGDÖRFER © Fidula

———— **Mindestalter 8 Jahre** ———— **M**

Musik zweimal hören

Beim Hören der Musik malend ihre Struktur verfolgen, dann sich ihr malend emotional öffnen.

Vorbereitung:
Für jeden Teilnehmer 2 DIN-A3-Papierbögen und eine Auswahl an Farben, z. B. Wachsmalkreide oder Fingerfarben.

Der Spielablauf gliedert sich in drei Phasen: zu einem Musikstück (es eignet sich fast alles) richten die Spieler ihre Aufmerksamkeit auf die Strukturen der Musik, also auf Rhythmen, Melodiebögen, Metren usw. und stellen diese zeichnerisch dar. Bei der Wiederholung des Musikstückes assoziieren die Spieler frei zur Musik und malen ihre „inneren" Bilder auf das andere Blatt. In der dritten Phase werden die Gemälde verglichen und Gemeinsamkeiten bzw. Unterschiede in der Aufnahme des Musikstückes gesucht.

Anmerkung:
Manchmal empfiehlt es sich, die Musik noch einmal zu hören, um die Vielfalt der „Auffassungen" nachzuvollziehen.

Spielform:
Musikmalspiel, Selbsterfahrungsspiel

Gruppierung:
Alle verteilt im Raum

Tempo/Dauer:
ruhig, 20–40 Minuten

Aktivitäten im Spiel:
wahrnehmen, Phantasie entwickeln, medial darstellen, konzentrieren

Musikalische Erfahrungen:
– Den Unterschied zwischen dem aspektiven und dem assoziativ-emotionalen Hören erleben

– Musik aktiv hören, d. h. musikalische Strukturen entdecken und „innere Bilder" zur Musik entwickeln

– Die eigene Vorliebe im Umgang mit Musik entdecken und darüber mit den anderen Gruppenmitgliedern sprechen

Mindestalter 6 Jahre

Spielform:
Selbsterfahrungsspiel, Wettbewerbsspiel

Gruppierung:
Kreis

Tempo/Dauer:
lebhaft, bis 10 Minuten

Aktivitäten im Spiel:
wahrnehmen, geschickt verhalten, schnell reagieren

Musikalische Erfahrungen:
– Die Namen der Instrumente spielerisch erlernen

Musik – Instrumentenjagd

Abschlagspiel; durch Spielen des eigenen Instrumentes kann man sich vor dem Jäger schützen.

Vorbereitung:
Ein beliebiges Instrument für jedes Gruppenmitglied liegt in der Mitte eines Sitzkreises. Eine zusammengerollte Zeitung für den Jäger.

Jedes Gruppenmitglied nimmt ein Musikinstrument und legt es vor sich auf den Boden. Alle Instrumentalisten halten ihre Hände auf dem Rücken. Der Jäger steht mit der Zeitung in der Mitte des Kreises. Er hat die Aufgabe, ein genanntes Instrument schneller zu berühren, als sein Besitzer es spielen kann. Ein Instrumentalist ruft den Instrumentennamen eines anderen Spielers. Dieser kann sich vor dem Jäger retten durch Spielen des eigenen Instrumentes oder durch Nennen eines anderen Instrumentes. Berührt der Jäger das genannte Instrument, wechselt er seine Rolle mit dem Instrumentalisten.

Anmerkung:
Die Gruppenmitglieder müssen alle Instrumentennamen kennen. Je mehr gleiche Instrumente im Spiel sind, desto leichter wird die Aufgabe für die Jäger.

Mindestalter 10 Jahre

M

Musikmalen in der Gruppe

In Vierergruppen nach Musik abwechselnd malen.

Vorbereitung:

Einen Papierbogen – mindestens in DIN-A3-Größe – und Wachsmalstifte für jede Gruppe; Musik mit deutlicher musikalischer Entwicklung, z. B. L. v. Beethoven, Pastorale, Gewitter-Sturm-Szene oder P. Winter, Canyon, Morning Echoes.

Jede Gruppe hat ein Blatt Papier vor sich. Einer aus der Gruppe beginnt, zur Musik zu malen. Er reagiert dabei auf musikalische Strukturen und/oder auf den Inhalt der Musik, d. h. er kann abstrakt und/oder bildlich malen. Nach ca. 2 Minuten gibt er das Blatt an den linken Nachbarn weiter, der ebenso verfährt, dabei aber direkt an das vorher gemalte anschließt. Wenn auf diese Weise alle aus der Gruppe einmal gemalt haben, setzt sich der Malprozeß fort, indem alle gleichzeitig malen und dabei auf die anderen Gruppenmitglieder <u>und</u> die Musik eingehen.

Anmerkung:

Dieses ist ein Spiel mit sehr starkem Gruppenerleben, was intensive Gespräche nach sich zieht.

Spielform:
Musikmalspiel, Entspannungsspiel, Interaktionsspiel

Gruppierung:
Kleingruppen mit 4 Spielern, alle Gruppen im Raum verteilt

Tempo/Dauer:
ruhig, je nach Musikauswahl bis 15 Minuten

Aktivitäten im Spiel:
auditiv wahrnehmen, bildlich darstellen, beurteilen, einschätzen, konzentrieren, Phantasie entwickeln, kreativ sein, spontan handeln, empathisch handeln

Musikalische Erfahrungen:
– Musikhören als aktiven sozialen Prozeß erleben

– Sich malend mit den Höreindrücken anderer auseinandersetzen

– Musik bildlich darstellen

– In der Reflexion über das entstandene „Produkt" sich den Strukturen der Musik nähern

Holthaus KLANGDÖRFER © Fidula

Mindestalter 8 Jahre

Spielform:
Bewegungsspiel, Darstellendes Spiel

Gruppierung:
Kleingruppen mit 4–6 Spielern

Tempo/Dauer:
lebhaft, 30–60 Minuten

Aktivitäten im Spiel:
wahrnehmen, kombinieren, konzentrieren, kreativ sein, Phantasie entwickeln, pantomimisch darstellen

Musikalische Erfahrungen:
– Musik assoziativ hören, d. h. mit außermusikalischen Vorgängen verbinden
– Aspekte der außermusikalischen Vorgänge pantomimisch ausdrücken und der Musik bewegungsmäßig zuordnen
– Musik aspektiv hören

Musiktheater

In Kleingruppen Musik pantomimisch darstellen.

Vorbereitung:
Für jede Kleingruppe einen Ausschnitt einer Programmusik und einen Cassettenrecorder.
Beispiele für die Musikauswahl:
– DUFTER ZAHN von Klaus Wunderlich, Sound 2000
– KRIMOOGULUS von Klaus Wunderlich, Sound 2000
– GHOST RIDER von Hollywood Pop Orchestra, Motion in Percussion
oder Ausschnitte aus Filmmusiken, die eindeutige außermusikalische Assoziationen zulassen.

Zuerst wird die Gesamtgruppe durch ein Spiel in Kleingruppen mit 4–6 Spielern eingeteilt. Jede Kleingruppe bekommt eine Cassette mit einem Musikausschnitt und einen Cassettenrecorder. Sie sollen nun möglichst genau die „Geschichte der Musik" erkennen und diese pantomimisch in verteilten Rollen zur Musik darstellen. In getrennten Räumen proben die Gruppen ca. 30 Minuten. Danach kommen sie wieder zusammen und spielen sich gegenseitig ihr „Musiktheater" vor.

Anmerkung:
Es empfiehlt sich, den Titel der Musik beizufügen, damit die Spieler schneller und leichter assoziieren können.

Holthaus KLANGDÖRFER © Fidula

Mindestalter 8 Jahre

Nachttanz

Als „Blinder" von wechselnden Partnern beim Tanzen geführt werden.

Vorbereitung:
ruhige Musik.

Der Blinde (Augenbinde oder geschlossene Augen) läßt sich vom Sehenden beim Tanzen führen. Die Art und Weise wie tänzerisch auf die Musik eingegangen wird, bleibt der Dynamik des Führen und Folgens zwischen den Partnern überlassen. Bei Musikstop bleiben die Blinden stehen und halten die Augen geschlossen. Die Sehenden wechseln den Partner, ohne sich zu verraten. Nach 4 bis 6 Musikstops tauscht sich die Gruppe darüber aus, wer mit wem getanzt hat und woran man dieses erkannt hat. Dann Rollenwechsel.

Anmerkung:
Beim letzten Partnerwechsel kann auch der „Blinde" den Sehenden führen. Der Sehende darf dabei nur bei Gefahr von Kollisionen mit anderen Paaren aktiv eingreifen. Wie wird diese neue Situation von den Paaren erlebt?

Spielform:
Tanzspiel, Selbsterfahrungsspiel, Interaktionsspiel

Gruppierung:
Paare

Tempo/Dauer:
ruhig, bis 10 Minuten

Aktivitäten im Spiel:
gestalten, kooperieren, blind wahrnehmen, empathisch handeln

Musikalische Erfahrungen:
– Frei nach Musik tanzen
– Sich mit Hilfe der Musik auf den Partner „einschwingen"
– Musik als ordnendes Medium erleben

Idee: Ulrich Baer

N Mindestalter 10 Jahre

Spielform:
Bewegungsspiel, Rhythmusspiel, Selbsterfahrungsspiel, Interaktionsspiel

Gruppierung:
Alle verteilt im Raum

Tempo/Dauer:
lebhaft, 10–30 Minuten

Aktivitäten im Spiel:
kreativ sein, rhythmisch darstellen, wahrnehmen, kombinieren, konzentrieren,
empathisch handeln

Musikalische Erfahrungen:
– Sprechrhythmen in Bewegungsrhythmen
  umsetzen

– Den eigenen Bewegungsrhythmus in das
  Metrum einer Musik einordnen

– Andere Bewegungsrhythmen übernehmen
  und zum eigenen zurückfinden können

Namen tanzen

Zur Musik tanzt jedes Gruppenmitglied den Rhythmus seines Vor- und Zunamens.

Vorbereitung:
Instrumentalmusik (Pop), in einem deutlichen 4/4-Takt.

Alle Teilnehmer sprechen leise ihren Vor- und Zunamen, um ein Gefühl für deren
Rhythmus zu bekommen. Mit Fuß-, Arm-, Kopf- oder Ganzkörperbewegungen wird
dieser Namensrhythmus so gestaltet, daß ein gleichbleibendes Bewegungsmotiv
entsteht. Nun wird Musik eingespielt, zu der alle ihren Namensrhythmus tanzen. Man
kann sich dabei antanzen, einen Partner mit dem gleichen Rhythmus finden, kurz-
fristig das Bewegungsmotiv eines anderen übernehmen, in Tanzdialoge eintreten
usw.

Holthaus KLANGDÖRFER © Fidula

Mindestalter 8 Jahre

Namen trommeln

Zwei Spieler sprechen und trommeln abwechselnd ihre Namen.

Vorbereitung:
Für jedes Paar wird eine Konga oder Trommel bereitgestellt.

Je zwei Spieler sitzen an einer Konga gegenüber. Einer trommelt seinen Namens-rhythmus und ruft dabei laut den Namen. Der andere antwortet sofort trommelnd mit dem eigenen Namen. Daraus entwickeln sich kleine Namensstreitereien. Jede(r) kann zu jeder Zeit zum Namen des Gegenüber wechseln. Dieser muß dann ebenfalls wechseln. Hört ein Spieler auf, ist der Spieldurchgang beendet. Danach Partnerwech-sel!

Spielform:
Stimmspiel, Trommelspiel, Rhythmusspiel

Gruppierung:
Paare

Tempo/Dauer:
lebhaft, bis 15 Minuten

Aktivitäten im Spiel:
konzentrieren, darstellen, schnell reagieren

Musikalische Erfahrungen:
– Trommeln und Sprechen als Einheit erle-ben

– Namensrhythmen klanglich darstellen

– Die Ausdrucksfähigkeit der Stimme steigern

Holthaus KLANGDÖRFER © Fidula

Mindestalter 6 Jahre

Spielform:
Verklanglichungsspiel, Improvisationsspiel

Gruppierung:
Kreis, dann Kleingruppen mit 4–6 Spielern

Tempo/Dauer:
ruhig, 15–30 Minuten

Aktivitäten im Spiel:
wahrnehmen, kombinieren, darstellen, kreativ sein, kooperieren

Musikalische Erfahrungen:
– Außermusikalische Vorgänge wie Geräusche, Bewegungen und Stimmungen eines Naturereignisses mit klanglichen Mitteln darstellen

– Musizieren als arbeitsteiligen Gruppenprozeß erleben

– Musikalische Normen entwickeln

Naturereignisse verklanglichen

In Kleingruppen einzelne Phasen eines Naturereignisses verklanglichen.

Vorbereitung:
Beliebige Instrumente aus dem Orffschen Instrumentarium werden für jede Kleingruppe bereitgelegt.

Zunächst gliedert die Gesamtgruppe den Verlauf des Naturereignisses, z. B. Gewitter: Sonnenschein – dunkle Regenwolken am Horizont – Donner in der Ferne – Wind – erste dicke Regentropfen – Blitz und Donner, Sturm und Hagel – Regen – erste Sonnenstrahlen – Regenbogen – leise Donner in der Ferne – Sonnenschein.
Jede Kleingruppe entwickelt nun eine Verklanglichung der ausgewählten Gewitterszene. Nach einer Vorbereitungszeit von 10 bis 15 Minuten sucht sich jede Kleingruppe ihren Platz im Raum. Der Spielleiter erzählt nun eine Geschichte über Erlebnisse während eines Gewitters, worauf die einzelnen Untergruppen an den entsprechenden Stellen der Geschichte ihre Musik spielen.

Anmerkung:
Weitere Themenvorschläge:
Vulkanausbruch, Die Gezeiten Ebbe und Flut, Die vier Jahreszeiten.

Nebelhörner

Mit geschlossenen Augen zwischen zwei Klängen den Weg finden.

Vorbereitung:
Für jede Kleingruppe zwei unterschiedlich klingende Instrumente.

Zwei aus der Gruppe spielen die Nebelhörner, der dritte spielt ein Schiff im Nebel, das die Hafeneinfahrt sucht. Die „Nebelhörner" stehen im Abstand von zwei Metern nebeneinander und spielen abwechselnd ihre Instrumente. Das „Schiff" muß nun aus einiger Entfernung mit geschlossenen Augen (eventuell Augenbinde) die Hafeneinfahrt passieren, ohne die Nebelhörner zu berühren. Rollentausch!

Anmerkung:
Die Schwierigkeit läßt sich durch Verringerung der Abstände zwischen den Nebelhörnern steigern.

Spielform:
Wahrnehmungsspiel, Bewegungsspiel

Gruppierung:
Kleingruppen mit 3 Spielern

Tempo/Dauer:
ruhig, bis 10 Minuten

Aktivitäten im Spiel:
blind wahrnehmen, kombinieren, konzentrieren

Musikalische Erfahrungen:
– Nonverbal in Kleingruppen kommunizieren

– Klangrichtungen wahrnehmen und sich in ihnen orientieren

Idee: nach Hans-Helmut Decker-Voigt

Mindestalter 6 Jahre

Spielform:
Bewegungsspiel, Musikmalspiel, Selbsterfahrungsspiel, Interaktionsspiel

Gruppierung:
Paare

Tempo/Dauer:
ruhig, bis 30 Minuten

Aktivitäten im Spiel:
blind wahrnehmen, fühlen, konzentrieren, empathisch handeln, malen

Musikalische Erfahrungen:
– Musik aktiv hören

– Musikverläufe bildlich darstellen

– In der Auseinandersetzung mit dem Partner andere bzw. gleiche Auffassungen vom Musikstück spüren

– Musik in einem sozialen Prozeß hören

– Aus dem Gemeinsam-Erlebten heraus über Musik sprechen

Paarlaufen

Zu zweit einen Malstift nach Musik führen.

Vorbereitung:
Für jedes Paar ein Blatt Papier (DIN A3) und einen Filzstift oder Wachsmalstift; ein ruhiges Musikstück mit deutlichen Phrasierungen.

Die Partner sitzen gegenüber an einem Tisch, das Blatt Papier befindet sich zwischen ihnen. Beide fassen gemeinsam den Stift mit einer Hand an und setzen ihn in die Mitte des Blattes. Wenn die Musik läuft, schließen sie die Augen und „laufen" ihre „Kür" nach der Musik. Dabei sollte nicht gesprochen werden. Nach dem Ende des Musikstückes schaut man sich das gemeinsame Werk an und tauscht sich in den Erfahrungen mit der Musik und dem Partner aus.

Anmerkung:
Es empfiehlt sich, nach den Partnergesprächen die Musik nochmals zu spielen, um aus der Partnererfahrung heraus das Stück erneut individuell zu hören. Dieses Spiel läßt sich weiterführen durch die Anregung, die ggf. entstandenen und wahrgenommenen Formen auszumalen. Durch die Zusammenfassung von Einzelformen beim Malen, können Gebilde entstehen, die an Gesichter, Tiere und dgl. erinnern.

Pausenfüller

Pausen eines Liedes mit Bewegungs-, Sprech- bzw. Musikaktionen gestalten.

Das u. a. Lied wird gesungen, wobei jeweils am Ende der 1., 2. und 4. Zeile Aktionen stattfinden. Diese Aktionen sollten möglichst genau am Anfang der darauffolgenden Zeile beendet sein. Es findet also ein ständiger Wechsel zwischen Singen und „Aktion" statt. Aktionsinhalte können sein:

a) Sich per Handschlag begrüßen.
b) Sich mit Namen vorstellen.
c) Miteinander reden über Wetter, Befindlichkeit, Erlebnisse . . .
d) Rhythmen sprechen auf scat-Silben (z. B. Daba Dubap).
e) Körper als Rhythmusinstrument einsetzen mit snip, clap, patch und/oder stamp.
f) Zu den Körperrhythmen auf scat-Silben sprechen.
g) Eine Baßlinie mit der Stimme imitieren.
h) Mit dem Kazoo improvisieren.
i) Mit der Stimme improvisieren.

Anmerkung:
Die Aktionsvorschläge sind nach ihrem Schwierigkeitsgrad geordnet.

Mindestalter 12 Jahre

Spielform:
Stimmspiel, Improvisationsspiel, Rhythmusspiel, Interaktionsspiel

Gruppierung:
Kreis

Tempo/Dauer:
lebhaft, 10–30 Minuten

Aktivitäten im Spiel:
kreativ sein, medial darstellen, spontan handeln

Musikalische Erfahrungen:
– Sich der Form des Liedes bewußt werden durch den Wechsel von Singen und rhythmischer Bewegungs- bzw. Sprechaktion

– Den Wechsel von gebundener und freier musikalischer Tätigkeit erleben

– Rhythmisch und melodisch improvisieren

Spielmaterial

Weitere Akkordbegleitungen für folgende Tonarten:

D-Dur:
D⁷ – D⁷ – D – D
D – D – A⁷ – A⁷
D – D⁷ – G – B♭⁷
D – A⁷ – D – D

E-Dur:
E⁷ – E⁷ – E – E
E – E – H⁷ – H⁷
E – E⁷ – A – C⁷
E – H⁷ – E – E

Pausenfüller

Ma-ma don't al-low ski-ffle play-ing here.

Ma-ma don't al-low ski-ffle play-ing here.

Oh, yes! Ma-ma don't al-low. But we are play-ing a-ny-how.

Ma-ma don't al-low ski-ffle play-ing here.

Holthaus KLANGDÖRFER © Fidula

Mindestalter 8 Jahre

Programmusik malen

Außermusikalische Inhalte zur Musik assoziieren und malen.

Vorbereitung:
Für jeden Spieler Wachsmalstifte, Fingerfarben oder auch Wasserfarben und ein Blatt Papier (mindestens DIN A3). Jede Art von Programmusik, also Musik, die außermusikalische Vorgänge beschreibt.

Jeder Spieler hat die Aufgabe, die erkannten außermusikalischen Vorgänge (assoziierte innere Bilder) bildlich darzustellen. Es soll dabei kein einheitliches, geschlossenes Gemälde entstehen, sondern jede Szene bekommt auf dem Blatt Papier einen Extraplatz, so daß also mehrere Bilder entstehen. Am Ende des Musikstückes sollte den Spielern noch Zeit zum Ausgestalten gegeben werden.

Anmerkung:
Die entstandenen Bilder sollten unbedingt verglichen werden. Dieses Spiel eignet sich besonders für den Einstieg in die Behandlung eines Programmusikstückes.

Spielform:
Musikmalspiel

Gruppierung:
Alle verteilt im Raum

Tempo/Dauer:
ruhig, 20–40 Minuten

Aktivitäten im Spiel:
wahrnehmen, beurteilen, einschätzen, kombinieren, Phantasie entwickeln, bildlich darstellen

Musikalische Erfahrungen:
– Musikalische Inhalte bildlich darstellen

– Sich einem Musikstück assoziativ nähern

– Verschiedene Auffassungen eines Musikstückes kennenlernen

– Sich durch Abstrahierung der verschiedenen Hörauffassungen der Kompositionsidee des Komponisten nähern

Holthaus KLANGDÖRFER © Fidula

R Mindestalter 8 Jahre

Spielform:
Stimmspiel, Improvisationsspiel, Interaktionsspiel

Gruppierung:
Paare

Tempo/Dauer:
lebhaft, bis 10 Minuten

Aktivitäten im Spiel:
fühlen, kombinieren, darstellen, erforschen, Phantasie entwickeln, spontan handeln

Musikalische Erfahrungen:
– Die Körperwahrnehmung zum Stimmausdruck werden lassen und umgekehrt
– Unkonventionelle Stimmausdrucksmöglichkeiten finden

Radio

Mit der Stimme Geräusche eines Radios nachahmen.

Spieler A ist der Radiohörer, Spieler B das Radio. Der Radiohörer bestimmt zunächst die Körperstellen beim Spieler B, wo sich der Einschaltknopf (drücken), der Volume-Regler (schieben) und das Tuning-Rad (drehen) befinden soll. Spieler B darf die Programme selber bestimmen und hat die Aufgabe, alle Einstellungen, die der Radiohörer durch Körperberührungen vornimmt, stimmlich zum Ausdruck zu bringen. Alle Paare probieren dann ihre Radios gleichzeitig aus. Anschließend tauschen die Hörer ihre Radios untereinander.

Anmerkung:
Wenn man die Radios getauscht hat, ist es spannend herauszukriegen, wie dieses nun funktioniert, an welchen Körperstellen sich also die Funktionstasten befinden.

Mindestalter 14 Jahre

Rap

Zu einem gleichmäßig als Ostinato gesprochenen Satz improvisiert die Gruppe mit den Silben und Wörtern ein Stimmstück.

Vorbereitung:
Für jeden Spieler eine Karte mit einem „Rhythmus-fähigen" Satz.

Beispiele:
– Nach Hause geh'n wir noch lange nicht.
– „Oh!", rief der Junge und rannte ins Haus.
– A penny at a pinch is worth a pound.
– Stay a little, and news will find you.

Jeder Spieler zieht eine Karte. Einer aus der Gruppe beginnt, den gezogenen Satz in der Art eines Rap im gleichbleibenden Tempo zu „sprechsingen". Nach dem dritten Mal beginnt die Gruppe, auf diesem Hintergrund mit den Wortbestandteilen des Ostinatosatzes zu improvisieren. So entstehen mehrstimmige, rhythmische Verschiebungen, inhaltliche Umdeutungen usw. Wenn alle Gruppenmitglieder aus ihrer Sprechimprovisation wieder „ausgestiegen" sind, erklingt noch dreimal der Ostinatosatz. Dann beginnt der rechte Nachbar mit dem Satz seiner gezogenen Karte usw.

Anmerkung:
Da die Kreisform häufig für die Gruppe kontrollierend und sprechhemmend wirkt, dreht man sich am besten nach außen, damit man anonymer improvisieren kann.

Spielform:
Stimmspiel, Improvisationsspiel, Rhythmusspiel, Interaktionsspiel

Gruppierung:
Kreis

Tempo/Dauer:
ruhig bis lebhaft, 10–30 Minuten

Aktivitäten im Spiel:
kreativ sein, sprechen, spontan handeln, kombinieren

Musikalische Erfahrungen:
– Sprache als musikalisches Ausdrucksmittel erleben

– Aus einer Pulsation heraus Rhythmen entwickeln

– Den eigenen Rhythmus im Polyrhythmus durchhalten

– Die musikalische Gestaltung selber bestimmen

Idee: nach Fritz Hegi

R — Mindestalter 4 Jahre

Spielform:
Spielkette, Wahrnehmungsspiel, Selbsterfahrungsspiel

Gruppierung:
wechselnd je nach Reisemöglichkeit, verteilt am Platz

Tempo/Dauer:
ruhig bis lebhaft, 10–30 Minuten

Aktivitäten im Spiel:
wahrnehmen, erforschen

Musikalische Erfahrungen:
– Freies Musizieren in einem größeren spielerischen Zusammenhang erleben

– Instrumente in ihren „Klangfamilien" erforschen und dadurch differenziertere Informationen über ihre Ausdrucksmöglichkeiten bekommen

Reise zu den Klangdörfern

Klangähnliche Instrumente werden ausprobiert.

Vorbereitung:
Instrumentenfamilien aus dem Orff'schen Instrumentarium (Holz-, Metall-, Fell-, Blasinstrumente, Xylophone, Glockenspiele) bekommen ihren Platz im Raum.

Jede Instrumentenfamilie ist ein Dorf. Zuerst verabredet man die Namen für die Dörfer, z. B. Glockenhausen für Glockenspiele, Holzenberg für Holzinstrumente usw. Alle Gruppenmitglieder reisen nun zusammen jeweils zu einem Dorf und probieren dort die Instrumente aus. Folgende Reisemöglichkeiten bieten sich an:
a) Im Flugzeug
b) Im Zug
c) Im Ruderboot
d) Auf dem Kamel
e) In der Sackkarre, o. ä.

Anmerkung:
Die vorgeschlagenen Reisemöglichkeiten sollten spielerisch umgesetzt werden.
Die Bestimmung der Instrumentenfamilie richtet sich nach dem Material, das den Klang erzeugt.

Holthaus KLANGDÖRFER © Fidula

Mindestalter 8 Jahre

Rhythmen malen

Rhythmen eines Stückes erkennen und beim Hören spontan in „Malbewegungen" übersetzen.

Vorbereitung:

Für jeden Spieler ein großes Blatt Papier und zwei Wachsmalstifte auf einem Tisch; ein Musikstück mit abwechslungsreichen, rhythmischen Strukturen, z. B. P. Desmond, Take five.

Jeder Spieler steht vor seinem Maltisch. Er hält in jeder Hand einen Stift. Läuft die Musik, so beginnt er sofort, spontan die Rhythmen der Musik auf das Papier zu malen. Dabei können die Hände parallel, abwechselnd oder gleichzeitig geführt werden. Bei der Wiederholung des Musikstückes vergleichen alle ihre „Rhythmuszeichnung" nochmals mit der Musik.

Anmerkung:

Beim abschließenden Vergleich mit dem Musikstück erkennt man häufig neue rhythmische Strukturen.

Spielform:
Rhythmusspiel, Musikmalspiel

Gruppierung:
Alle verteilt im Raum

Tempo/Dauer:
lebhaft, bis 10 Minuten

Aktivitäten im Spiel:
wahrnehmen, konzentrieren, darstellen, schnell reagieren, spontan handeln

Musikalische Erfahrungen:
– Rhythmen wahrnehmen und durch Bewegung empfinden
– Rhythmen erkennen und vergleichen

Holthaus KLANGDÖRFER © Fidula

R ──Mindestalter 10 Jahre────────────────────────

Spielform:
Verklanglichungsspiel, Rhythmusspiel, Interaktionsspiel

Gruppierung:
Kleingruppen mit 5 Spielern

Tempo/Dauer:
ruhig bis lebhaft, 10–30 Minuten

Aktivitäten im Spiel:
erforschen, beurteilen, kombinieren, konzentrieren, kreativ sein, medial darstellen, geschickt verhalten

Musikalische Erfahrungen:
– In der Gruppe Rhythmen entwickeln

– Beziehungen zwischen unterschiedlichen rhythmischen Abläufen herstellen

– Den Zusammenhang von Pulsation und Rhythmus erleben

– Durch die Zuordnung von Rhythmus und Instrument die unterschiedlichen Wirkungsweisen von Rhythmen erleben

Rhythmus im Quadrat

Aus einer Graphik ein mehrstimmiges Perkussionsstück entwickeln und spielen.

Vorbereitung:
Für jede Kleingruppe ein Rhythmusquadrat bzw. Legekarten (Variante) und Perkussionsinstrumente, z. B. Conga, Claves, Bell, Cabasa, Handtrommel.
Beispiele von Rhythmusquadraten:

Die Kleingruppen konstruieren zunächst den Führungsrhythmus (guide line) aus dem Rhythmusquadrat, d. h. sie lesen die Kreise der Reihe nach von links nach rechts. Alle Kreise hintereinander stellen den Ablauf des Metrums dar. Der Führungsrhythmus entsteht, wenn in der Abfolge der Kreise alle ausgefüllten geklatscht und alle leeren als Pause betrachtet werden. Nach einiger Zeit des Übens verteilen sich vier Spieler auf die vier Seiten des Quadrats und lesen aus diesem Blickwinkel die einzelnen Zeilen von links nach rechts. Mit der oben beschriebenen Methode sollen sie einen interessanten, <u>einzeiligen</u> Rhythmus finden. Alle Rhythmen werden nun mit Perkussionsinstrumenten gespielt. Zunächst beginnen die vier Spieler mit den einzeiligen Rhythmen, dann spielt einer den Führungsrhythmus dazu. Für Profis: man kann alle Rhythmen im doppelten bzw. halben Metrum spielen. Es klingt z. B. gut, wenn der Führungsrhythmus im doppelten Tempo (double time) gespielt wird.

Variante:
Mit 10 schwarzen und 10 weißen Pappkreisen kann sich jede Kleingruppe selber ein Rhythmusquadrat bauen.

Anmerkung:
Alle Spieler müssen sich an das gleiche Metrum (Tempo) halten, eventuell muß der Spielleiter mit der Cowbell (Glocke) ein Metrum angeben.

Idee: nach Werner Rizzi

— Mindestalter 10 Jahre — **R**

Rhythmusmaschine

Mit Perkussionsinstrumenten wird eine „Maschine" nach und nach rhythmisch zum Klingen gebracht.

Vorbereitung:
1 Conga oder Pauke; für jeden Spieler ein beliebiges Perkussionsinstrument, z. B. Bongos, Claves, Bells, Cabasa etc.

Ein Gruppenmitglied gibt mit der Conga o. ä. einen Grundschlag (Metrum) vor und hält diesen konstant bei. Nacheinander setzen nun die Spieler mit den Perkussionsinstrumenten mit einem einfachen rhythmischen Motiv ein. Bevor der nächste Spieler einsetzt, soll der bis dahin entstandene Rhythmus deutlich und sicher gespielt sein. Wenn die Rhythmusmaschine gut läuft, löst sich der Congaspieler von seinem Metrum und improvisiert über dem mehrstimmigen Rhythmus der Rhythmusmaschine. Kehrt er zu seinem Metrum zurück, setzen die einzelnen „Glieder" der Rhythmusmaschine nacheinander aus.

Variante:
Statt auf Perkussionsinstrumenten kann auch auf Klanggesten, Laute, rhythmisches Sprechen von Silben, Wörtern und Sätzen zurückgegriffen werden.

Variante:
In zwei Gruppen: Gruppe A mit Perkussionsinstrumenten; Gruppe B mit Stabspielen, Flöten etc. Wenn die Rhythmusmaschine der Gruppe A läuft, setzen die Spieler der Gruppe B nacheinander mit kleinen melodischen Motiven ein.

Anmerkung:
Für die zweite Variante kann man aus den Stabspielen die Töne f und h herausnehmen. Die Motive aus dieser Tonskala (Pentatonik) passen alle zueinander.

Idee: Isabelle Frohne

Spielform:
Trommelspiel, Improvisationsspiel, Rhythmusspiel, Interaktionsspiel

Gruppierung:
Kreis

Tempo/Dauer:
ruhig, 10–30 Minuten

Aktivitäten im Spiel:
wahrnehmen, konzentrieren, kombinieren, kreativ sein, kooperieren

Musikalische Erfahrungen:
– Sich in einem ständigen Wechselbezug von gemeinsamer musikalischer Verständigung und individuellem, musikalischem Anspruch befinden

– Das eigene rhythmische Motiv in sich ständig verändernden musikalischen Situationen neu erleben

– In der Gruppe ein polyrhythmisches Ostinato entwickeln

R — **Mindestalter 8 Jahre**

Spielform:
Stimmspiel, Improvisationsspiel, Rhythmus-spiel

Gruppierung:
Kreis

Tempo/Dauer:
ruhig bis lebhaft, bis 15 Minuten

Aktivitäten im Spiel:
wahrnehmen, singen, konzentrieren, kreativ sein, kombinieren, spontan handeln

Musikalische Erfahrungen:
– Ein Ostinato singen und dazu Körperrhyth-men entwickeln

– Körperrhythmen instrumental umsetzen

– Die Abhängigkeit von Singpulsation und Bewegungspulsation spüren

Rhythmussession

Zu einem mehrstimmigen Scatgesang spontan Körperrhythmen entwickeln.

Vorbereitung:
Tragbare Rhythmusinstrumente für jeden Spieler.

Zunächst gibt der Spielleiter die einzelnen Stimmen des unten angegebenen Riffs in die Gruppe, in der Folge II, III, I. Wenn der dreistimmige Riff von der Gruppe sicher gesungen wird, entwickeln alle zu ihrem Gesang spontan Körperrhythmen. Hat jeder Spieler seinen Rhythmus gefunden, der ihm gefällt, so spielt er ihn auf einem Rhyth-musinstrument. Dabei soll der Riff weitergesungen werden.

Anmerkung:
Der Spielleiter sollte den Gesang der Gruppe stützen mit der Gitarre oder einem Kla-vier. In einem zweiten Durchgang kann dann der Schluß hinzugefügt werden. Die Gruppe entscheidet, wie oft der Riff vorher gesungen wird.

Rhythmussession

Akkordgriffe für die Gitarre: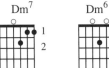

Holthaus KLANGDÖRFER © Fidula

R — Mindestalter 10 Jahre

Rücken an Rücken

Zu zweit eine Musik mit Bewegungen des Rückens gestalten.

Spielform:
Bewegungsspiel, Entspannungsspiel, Interaktionsspiel

Gruppierung:
Paare, verteilt im Raum

Tempo/Dauer:
ruhig, etwas über 15 Minuten

Aktivitäten im Spiel:
wahrnehmen, fühlen, konzentrieren, Phantasie entwickeln, darstellen, empathisch handeln

Musikalische Erfahrungen:
– Musik in einem sozialen Prozeß mit Bewegungen gestalten
– Sich einfühlen in die Musikwahrnehmung eines anderen
– Über Musik einen nonverbalen „Dialog" führen
– Tätigsein zur Musik als Entspannung erleben

Vorbereitung:
Für jedes Paar eine Decke; ruhige Musik, z. B. W. A. Mozart, Romanze aus der Kleinen Nachtmusik.

Je zwei Spieler sitzen Rücken an Rücken auf dem Boden, eventuell mit geschlossenen Augen. Ohne sich dabei zu verkrampfen, sollte die Berührungsfläche möglichst groß sein.
Wenn die Musik läuft, bewegt Spieler A seinen Rücken nach der Musik; Spieler B paßt sich möglichst gut an. Nach ca. 2–3 Minuten Führungswechsel: Spieler B gestaltet die Musik, Spieler A folgt. Nach weiteren 2–3 Minuten sollen sich beide so harmonisch bewegen, daß dabei niemand ausdrücklich führt.
Nach dem Ende der Musik legen sich beide in eine bequeme Lage und tauschen ihre Spielerfahrungen aus.

Idee: nach Franz Mittermair

Mindestalter 6 Jahre

Schatzsuche

Einen Gegenstand suchen und sich dabei von Instrumentenklängen lenken lassen.

Vorbereitung:
Handtrommeln oder andere Fellinstrumente für jeden Spieler befinden sich in einer Ecke des Raumes.

Ein Spieler A geht vor die Tür. In der Zwischenzeit verstecken die anderen einen Gegenstand im Zimmer. Spieler A wird hereingerufen und beginnt mit geschlossenen Augen (eventuell Augenbinde) zu suchen. Die anderen Gruppenmitglieder begleiten zuerst jeden seiner Schritte durch Anschlagen des Instrumentes: je lauter sie anschlagen, desto näher kommt er dem Ziel; je leiser, desto mehr bewegt er sich vom Gegenstand weg. Befindet sich Spieler A in Reichweite des gesuchten Gegenstandes, so spielt die Gruppe sofort einen Klangteppich (z. B. ständiges Fingertippeln auf dem Fell). Nun muß der suchende Spieler stehenbleiben und in seiner Nähe den Gegenstand ertasten. Die Gruppe lenkt ihn dabei durch einen Klangteppich mit den o. a. Spielregeln: leiser = falsche Richtung; lauter = Richtung stimmt.

Spielform:
Wahrnehmungsspiel, Interaktionsspiel

Gruppierung:
Einzelner gegenüber der Gruppe

Tempo/Dauer:
ruhig, unter 10 Minuten

Aktivitäten im Spiel:
blind wahrnehmen, ertasten, konzentrieren, einschätzen, kooperieren

Musikalische Erfahrungen:
– Nonverbal kommunizieren mit Klängen

– Richtungen durch rhythmische und dynamische Klangverläufe angeben

– Musikalisch flexibel agieren durch entsprechende Anpassung an neue Situationen

Holthaus KLANGDÖRFER © Fidula

Mindestalter 8 Jahre

Spielform:
Trommelspiel, Rhythmusspiel, Interaktionsspiel

Gruppierung:
Paare

Tempo/Dauer:
lebhaft, etwas über 10 Minuten

Aktivitäten im Spiel:
konzentrieren, spontan handeln, geschickt verhalten, wahrnehmen

Musikalische Erfahrungen:
– Rhythmen aus einer gleichbleibenden Bewegungspulsation entwickeln

– Musikalische Interaktion als Prozeß von Kontakt und Rückzug, Nähe und Distanz, Interesse und Desinteresse erleben

Schlagen und wegwerfen

Aus einem pulsierenden Wechselschlag heraus Betonungen und Pausen spielen.

Vorbereitung:
Für jeden Spieler ein gleichwertiges Fellinstrument, z. B. Conga oder Pauke.

Zwei Spieler setzen sich jeweils mit ihren Instrumenten gegenüber. Jedes Spielerpaar beginnt mit einem gleichbleibenden Wechselschlag in einem mittleren Tempo, ohne Betonungen und relativ leise zu spielen. An einer beliebigen Stelle spielen sie nun einen impulsiven, stark betonten Schlag.
Man sollte dabei nicht immer die gleiche Hand benutzen, also auch einmal die schwächere Schlaghand nehmen. Der Partner kann durch Wegwerfbewegungen (Leerschläge) oder durch Gegenschläge darauf reagieren.

Anmerkung:
Wichtig ist, daß der gleichbleibende Wechselschlag immer beibehalten wird.

Idee: nach Fritz Hegi

Schwingungen spüren

Mit dem ganzen Körper Musik hören.

Vorbereitung:
Für jeden Spieler eine möglichst große Handtrommel. Das Fell darf nicht zu stark gespannt sein, Musik mit ausgeprägten Baßlinien und deutlichen melodischen und harmonischen Strukturen.

Die Teilnehmer suchen sich zuerst einen Platz im Raum und sitzen vor ihren Instrumenten auf dem Boden. Während Musik läuft, führen sie ihre Hände langsam zum Fell der Handtrommel und erforschen mit geschlossenen Augen, an welchen Stellen des Felles sich die Schwingungen der Musik am deutlichsten übertragen. Nun führt jeder seine Handtrommel langsam bis zur leichten Berührung zum Ohr, zur Nasenspitze, zur Wange, zu den Haaren usw. Dabei läßt sich jeder viel Zeit, die „Musik-Fellschwingungen" zu genießen.
Danach legen sich alle ohne Handtrommel auf den Rücken, winkeln die Arme so, daß die Handflächen nach oben zeigen und eine „Schale" bilden. Alle schließen nun die Augen. Die gleiche Musik nehmen nun alle über die Hände, durch den geöffneten Mund, mit dem ganzen Brust- und Bauchraum wahr, bis die Musik im ganzen Körper schwingt. Nach dem Ende des Musikstückes lassen alle die Musik noch eine Weile in sich weiterklingen.

Spielform:
Wahrnehmungsspiel, Selbsterfahrungsspiel, Entspannungsspiel

Gruppierung:
Alle verteilt im Raum

Tempo/Dauer:
ruhig, etwas über 15 Minuten

Aktivitäten im Spiel:
blind wahrnehmen, konzentrieren, erforschen

Musikalische Erfahrungen:
– Musikhören als „Tätig sein" erleben
– Musik als Schwingungsereignis erleben
– Die Aufmerksamkeit beim Hören auf die besonderen Strukturen der Musik lenken

Mindestalter 10 Jahre

Spielform:
Trommelspiel, Selbsterfahrungsspiel, Interaktionsspiel

Gruppierung:
enger Kreis, Gruppe mit 3–10 Spielern

Tempo/Dauer:
sehr lebhaft, 10–30 Minuten

Aktivitäten im Spiel:
spontan handeln, sich geschickt verhalten

Musikalische Erfahrungen:
– Spontanes Ausprobieren der Instrumente
– Spontanes „Musizieren" als ganzkörperliche Tätigkeit erleben
– Durch das wechselnde Spannungsverhältnis, alleine zu spielen oder sich mit dem Nachbarn einzulassen, in eine bewußtere und entschlossenere musikalische Tätigkeit hineinkommen

Sich trommelnd einmischen

Die Gruppenmitglieder versuchen, sich gegenseitig beim Trommeln zu stören.

Vorbereitung:
Fellinstrumente (Trommeln, Pauken, Kongas) werden möglichst dicht im Kreis zusammengestellt.

Die Gruppenmitglieder sitzen vor je einer Trommel und beginnen eine freie Improvisation. Nach einer gewissen Zeit versucht man, das Spiel des Nachbarn zu stören, indem man auf dessen Instrument schlägt. Jede(r) muß dabei auf seinem Stuhl sitzen bleiben. Jeder Spieler kann zu jeder Zeit sein Spiel beenden.

Variante:
Jeder Spieler kann sich auch sprachlich gegen die Einmischung des Nachbarn wehren, z. B. „Hau ab!" oder „Geh weg!"

Variante:
Nur ein Spieler wird von den anderen gestört. Dieser kann jederzeit durch Rückzug das Spiel beenden.

Anmerkung:
Dieses Spiel eignet sich besonders für den Einstieg in eine Trommelspielkette.

Mindestalter 12 Jahre **S**

Sich vom Lied lösen

Die Motive eines bekannten Liedes nach und nach als Ostinato singen, dann darüber frei improvisieren.

Vorbereitung:

Eine Auswahl von bekannten Liedern, deren Motivstruktur abwechslungsreich ist und deren Motive deutlich harmonische Spannungsfelder anbieten, z. B. Bruder Jakob; Hejo, spann den Wagen an; Scarborough fair; Macky Messer.

Ein Gruppenmitglied (Solist) singt das erste Motiv des ausgewählten Liedes. Er wiederholt es so lange, bis die Gruppe es übernimmt. Dann beginnt er, über dem entstandenen Gruppenostinato zu improvisieren. Kehrt der Solist zum Motiv zurück, beginnt die Gruppe über dem Solomotiv zu improvisieren. Ist die Gruppe wieder zum Motiv zurückgekehrt, beginnt der Solist mit dem zweiten Motiv des Liedes usw. Das Spiel ist beendet, wenn alle Motive der Liedmelodie einmal die Grundlage für die Gesangsimprovisation waren.

Anmerkung:

Für die rhythmische Ausgestaltung der Gesangsimprovisation ist es hilfreich, wenn alle Gruppenmitglieder das Tempo z. B. durch rhythmische Fußarbeit ständig präsent haben. Der Solist sollte geübt sein im Singen (Gruppenleiter!?).

Spielform:
Stimmspiel, Improvisationsspiel

Gruppierung:
Kreis

Tempo/Dauer:
ruhig, etwas über 10 Minuten

Aktivitäten im Spiel:
improvisieren, spontan handeln, konzentrieren, kreativ sein

Musikalische Erfahrungen:
– Selbstbestimmt singen

– Eine Liedmelodie in ihre Motive zerlegen

– Sich singend von einer Melodie lösen

– Über dem rhythmischen und melodischen Schema eines Liedes improvisieren

– Mehrstimmig singen

Idee: nach Fritz Hegi

Mindestalter 14 Jahre

Spielform:
Verklanglichungsspiel, Improvisationsspiel,
Selbsterfahrungsspiel, Interaktionsspiel

Gruppierung:
Kreis

Tempo/Dauer:
ruhig, etwa 30–120 Minuten

Aktivitäten im Spiel:
darstellen, kreativ sein, raten, konzentrieren,
beurteilen, Phantasie entwickeln

Musikalische Erfahrungen:
– Eigene Situationen und Gefühle klanglich
  darstellen

– Alleine vor der Gruppe musizieren

– Klangliche Mitteilungen der Gruppenmitglieder deuten

Spiele dein Erlebnis –
ich sage dir, wie es war

Jeder stellt mit musikalischen Mitteln ein persönliches Erlebnis dar und bekommt von den Mitspielern ein verbales Feedback.

Vorbereitung:
Instrumente zur freien Auswahl; für jeden Spieler ein Blatt Papier und einen Stift.

Alle Gruppenmitglieder nehmen sich die Instrumente, die sie für die musikalische Darstellung ihres Erlebnisses gebrauchen. Die Vorbereitungszeit wird auf 15 Minuten festgelegt. Der Reihe nach spielt dann jeder seine Erlebnismusik vor. Nach jedem Vortrag bekommen die anderen Spieler Zeit, Assoziationen, Interpretationen und Beobachtungen stichwortartig aufzuschreiben als Gedächtnisstütze für die Feedbackrunde. Der Reihe nach erfährt nun jeder von den anderen Gruppenmitgliedern die Deutung der Erlebnismusik.

Anmerkung:
Es ist nicht nötig, den wahren Sachverhalt aufzuklären. In der Regel ergeben sich nach dem Spiel intensive Gespräche.

Mindestalter 14 Jahre — **S**

Sprichwörter musizieren

Rhythmen und Inhalte von Sprichwörtern verklanglichen.

Vorbereitung:

Eine Auswahl von deutschen oder englischen Sprichwörtern (siehe folgende Seiten) wird entsprechend der Teilgruppengröße kopiert, also z. B. 3x kopieren für Kleingruppen mit 3 Spielern. Ferner werden genügend Rhythmus- und Melodieinstrumente für jede Kleingruppe bereitgelegt. Die Auswahl der Musik als Spielregelelement zum Einteilen der Untergruppen ist beliebig.

Das Spiel gliedert sich in drei Phasen.

Einteilung der Gruppe: jeder Spieler bekommt einen Zettel mit einem Sprichwort. Für die Einteilung in Dreiergruppen ist jedes Sprichwort dreimal vorhanden. Während Musik läuft, tauschen alle Spieler möglichst häufig die Zettel untereinander. Bei Musikstop sucht jeder seine beiden Partner mit demselben Sprichwort.

Klangliche Umsetzung des Sprichwortes: jede Teilgruppe soll nun ihr Sprichwort rhythmisch und/oder inhaltlich musikalisch „umsetzen". Nach kurzer Beratung über Auswahl der Instrumente und Art der klanglichen Darstellung wird in den Kleingruppen ca. 5–10 Minuten geprobt.

Spontanes Arrangieren der musikalischen Ideen: alle Kleingruppen bilden zusammen einen Kreis. Die Gruppe mit den größten Instrumenten beginnt ihr Werk vorzuspielen. Zu jeder Zeit kann nun ein Teilnehmer der jeweils spielenden Gruppe Anweisungen geben: „Alles auf einmal – alles auf einmal", dann müssen alle Gruppen gleichzeitig ihr Werk spielen, oder „Eine Gruppe nach der anderen", dann muß eine beliebige Gruppe mit ihrem Werk anschließen. Das Spiel endet, wenn jede Kleingruppe mindestens einmal ihr „Werk" vorgeführt hat.

Anmerkung:

Am Ende des Spiels kann nochmals eine Vorspielrunde durchgeführt werden. Dabei sollten dann jeweils die Sprichwörter genannt werden.

Spielform:
Verklanglichungsspiel, Rhythmusspiel, Interaktionsspiel

Gruppierung:
Kleingruppen mit 3 Spielern, dann Kreis

Tempo/Dauer:
ruhig bis lebhaft, 30–60 Minuten

Aktivitäten im Spiel:
kombinieren, planen, kreativ sein, darstellen, wahrnehmen, kooperieren

Musikalische Erfahrungen:
– Sprichwörter verklanglichen
– Textrhythmen instrumentieren
– Zusammen musizieren
– Selbstbestimmte Klangstücke einer spontanen Arrangieridee unterordnen

Kopiervorlage

Wo ein Schaf vorgeht, folgen die anderen nach.	Der Amboß ist des Lärms gewohnt.	Zwei kalte Steine, die sich reiben, fangen auch Feuer.
Schlechter Spielmann, der nur eine Weise kann.	Veränder' eh nicht deinen Stand, bis du beß'res hast zur Hand.	Küh' und Schafe gehen miteinander, aber der Adler steigt allein.
Man muß beide Teile hören, eh man urteilt.	Ja und Nein ist ein langer Streit	Wer's Messer zuerst zückt, muß es auch zuerst einstecken.
Singen kannst du? Sing! Springen? Spring! Treib', was du kannst, das ist ein fein Ding.	Wer den anderen jagt, wird auch müde.	Ade Lieb', ich kann nicht weinen: verlier' ich dich, ich weiß noch einen.
Kinder und Bienenstöcke nehmen bald ab, bald zu.	Umgekehrt wird ein Schuh daraus.	Man muß nicht nur die Hände, auch die Kehle schmieren.
Es wechselt den Balg und behält den Schalk.	Kein Töpfchen so schief, es findet sich ein Deckelchen drauf.	Wenn die alten Kühe tanzen, so klappern ihnen die Klauen.
Mit der Zeit wird dir hold, was vorher dein nicht gewollt.	Zwei Streitköpfe werden immer eins.	Einer gibt dem andern die Tür in die Hand.

Sprichwörter musizieren

Kopiervorlage **S**

One can't help many, but many can help one.	A penny at a pinch is worth a pound.	No one is rich enough to do without his neighbour.
At the game's end, we shall see who gains.	The world is a ladder for some to go up and some down.	Rain before seven: fine before eleven.
A libertine life is not a life of liberty.	The voice is the best music.	You can lead a horse to the water, but you can't make him drink.
Stay a little, and news will find you.	If the clouds look as if scratched by a hen, get ready to reef your topsails then.	Better be an old men's darling than a young man's slave.
It is more pain to do nothing than something.	Sound love is not soon forgotten.	Keep your mouth shut and your ears open.

Sprichwörter musizieren

Mindestalter 8 Jahre

Spielform:
Trommelspiel, Rhythmusspiel, Selbsterfahrungsspiel, Interaktionsspiel

Gruppierung:
Kreis, Kleingruppe mit 4 Spielern in der Mitte des Kreises

Tempo/Dauer:
ruhig bis lebhaft, 10–30 Minuten

Aktivitäten im Spiel:
Rhythmen wahrnehmen, konzentrieren, standhalten, empathisch handeln

Musikalische Erfahrungen:
– Den eigenen Rhythmus durchhalten bei sich ändernden rhythmischen Abläufen

– Auf das Musizieren einzelner Mitspieler achten und reagieren

– Den Unterschied von rhythmisch-genauem und rhythmisch-ungenauem Spiel erleben

Standhalten mit Instrumenten

Vier Trommler spielen einen mehrstimmigen Rhythmus, den sie trotz rhythmischer Störungen der Restgruppe durchhalten sollen.

Vorbereitung:
4 Trommelinstrumente, beliebige Instrumente für die Restgruppe.

Alle Spieler stehen im Kreis um die Trommelinstrumente. Ein Spieler geht zu einer Trommel und spielt einen Rhythmus, den er ständig wiederholt. Wird dieser sicher gespielt, entwickelt ein zweiter Mitspieler einen weiteren, anderen Rhythmus. Ist der entstandene zweistimmige Rhythmus deutlich zu hören, kommt ein dritter, dann ein vierter Trommler hinzu, so daß ein sich wiederholender vierstimmiger Rhythmus zu hören ist. Die übrigen Mitspieler nehmen nun ein beliebiges Instrument und versuchen, die Trommelgruppe aus dem Konzept zu bringen durch das Spielen von Gegenrhythmen oder raffinierten Verschiebungen. Wenn die Trommelgruppe ihren Rhythmus halten kann, wird sie von der Störgruppe durch Mitspielen der Trommelrhythmen belohnt. Wird die Trommelgruppe in ihrem Spiel unsicher, hört die Störgruppe auf zu spielen und läßt die Trommler wieder ihren Rhythmus finden.

Anmerkung:
Die Störgruppe sollte größer als die Trommlergruppe sein.

Idee: Fritz Hegi

Stern im Vokalkreis

Die Gruppe singt auf einem Grundton Folgen von Vokalen, so daß Obertöne hörbar werden können.

Vorbereitung:

Für jeden Spieler eine Decke; ein warmer und ruhig gelegener Raum.

Alle Spieler liegen mit geschlossenen Augen auf dem Rücken. Die Beine sind leicht angewinkelt. Die Füße bilden einen engen Kreis. Auf diese Weise bildet die Gruppe also einen Stern, bei dem die Gesichter die „Strahlenspitzen" bilden.

Nun beginnt der Spielleiter die angegebenen Vokalfolgen langsam auf immer demselben Ton vorzusingen. Die Gruppe imitiert ihn jedesmal:

1) mu-o-a
2) mu-o-a-ä-e
3) li-e-ö
4) li-e-ö-ü-u
5) mu-ü-i-e
6) mo-ö-e

Wechselt der Spielleiter zu einem neuen Grundton, nimmt die Gruppe diesen auf und beginnt nun die vorher kennengelernten Vokalfolgen selbständig zu singen, d. h. über Auswahl und Dauer der Vokalfolgen kann jeder selber entscheiden. Bedingung ist, daß alle auf dem gleichen Ton singen.

Anmerkung:

Der ausgewählte Grundton sollte tief, aber noch bequem zu singen sein. Die Bildung der Vokale sollte im Zeitlupentempo geschehen.

Spielform:
Wahrnehmungsspiel, Stimmspiel, Selbsterfahrungsspiel, Entspannungsspiel

Gruppierung:
Kreis

Tempo/Dauer:
ruhig, 10–30 Minuten

Aktivitäten im Spiel:
blind wahrnehmen, fühlen, konzentrieren, entdecken

Musikalische Erfahrungen:
– Entdecken, wie Laute gebildet werden

– Das eigene Zeitempfinden spüren

– Schwingungen im Körper spüren

– Den Zusammenhang von Atem – Stimme – Klang erleben, d. h. „ohne Druck tragfähig" singen

Holthaus KLANGDÖRFER © Fidula

Mindestalter 8 Jahre

Spielform:
Bewegungsspiel, Stimmspiel, Selbsterfahrungsspiel, Interaktionsspiel

Gruppierung:
Alle verteilt im Raum

Tempo/Dauer:
ruhig bis lebhaft, etwas über 10 Minuten

Aktivitäten im Spiel:
wahrnehmen, konzentrieren, kreativ sein, darstellen, kombinieren, Stimme erforschen

Musikalische Erfahrungen:
– Bewegung und Stimme koordinieren
– Ausdrucksmöglichkeiten der Stimme erforschen
– Unkonventionell mit der Stimme umgehen

Stimmen im Dunkeln

Bewegungsabläufe im Dunkeln mit der Stimme begleiten.

Vorbereitung:
Großer Raum, der vollkommen leergeräumt ist.

Alle Spieler gehen im dunklen Raum umher. Dabei sollten die Arme als Schutz vor Zusammenstößen vor dem Körper gehalten werden. Alle Bewegungen werden mit entsprechenden Stimmklängen begleitet, auch stillstehen. Berühren sich zwei Spieler, so unterhalten sie sich kurz und lösen sich dann wieder. Mit Stimmklängen soll also jeder seinen Standort, seine Geschwindigkeit und seine Bewegungsart begleiten.

Idee: nach Fritz Hegi

Stimmungsbilder raten

Einer soll das Klangbild der Gruppe deuten.

Vorbereitung:

Instrumente aus dem Orffschen Instrumentarium.

Eine(r) aus der Gruppe verläßt den Raum. Die anderen verabreden die Auswahl der Instrumente und den Spielverlauf für ein Stimmungsklangbild, z. B. Zorn, Zärtlichkeit usw. Der hereingerufene Klangbilddeuter hört sich still die Stimmungsmusik an und erzählt dann seine Empfindungen dazu.

Anmerkung:

Wichtig ist das Aussuchen der geeigneten Instrumente und die Rücksicht der Themenwahl für das deutende Gruppenmitglied. Dessen Empfindungen werden nicht kommentiert.

Mindestalter 10 Jahre

S

Spielform:
Wahrnehmungsspiel, Verklanglichungsspiel, Improvisationsspiel

Gruppierung:
Kreis

Tempo/Dauer:
ruhig, 10–30 Minuten

Aktivitäten im Spiel:
planen, improvisieren, darstellen, kreativ sein, Phantasie entwickeln, wahrnehmen, deuten

Musikalische Erfahrungen:
– Gefühle verklanglichen

– Analoge Empfindungen zu einem Klangbild entwickeln

– Für die Darstellung des Klangbildes musikalische Normen entdecken, übernehmen, anwenden

---

Idee: nach Gertrud Loos

Mindestalter 14 Jahre

Spielform:
Musikmalspiel, Selbsterfahrungsspiel, Interaktionsspiel

Gruppierung:
Paare

Tempo/Dauer:
lebhaft bis ruhig, 10–30 Minuten

Aktivitäten im Spiel:
spontan handeln, beurteilen, einschätzen, konzentrieren, wahrnehmen, bildlich darstellen

Musikalische Erfahrungen:
– In der Auseinandersetzung mit dem Partner Musik als Unterstützung bzw. als ausgleichendes Element erfahren

– Musik emotional hören

– Durch den Vergleich des Malprozesses mit dem Musikstück dessen Ausdruckscharakter erkennen

Streit und Versöhnung

Mit einem Partner zu einem Musikstück thematisch malen.

Vorbereitung:
Für jedes Paar zwei verschiedenfarbige Wachsmalstifte und ein Blatt Papier (DIN A3), Musik, zu der man die im Titel angegebenen Situationen assoziieren kann, z. B. G. Bizet, Carmen Suite Nr. 1, Toreadores.

Die Partner sitzen sich gegenüber, das Blatt Papier liegt zwischen ihnen. Beide setzen den Stift auf den Papierrand, der am nächsten ist. Wenn die Musik läuft, nähern sie sich malend dem „Streit", der irgendwann während des Musikstückes in ein versöhnliches Malen übergehen soll. Während dieses Prozesses soll auch auf die Musik eingegangen werden.

Anmerkung:
Aufgrund der verschiedenfarbigen Stifte können die Paare den ganzen Prozeß der „Auseinandersetzung" nachvollziehen und sich über ihre Erfahrungen miteinander und mit der Musik austauschen.

Mindestalter 8 Jahre

S

Summen

Blind den „Lieblingston" singen und damit summend einen passenden Partner finden.

Alle Spieler gehen kreuz und quer mit vorgehaltenen Händen vorsichtig durch einen dunklen Raum. Dabei summen alle die unterschiedlichsten Töne: hohe, tiefe, leise, laute usw. Einatmen bedeutet stehenbleiben, summen heißt gehen. Nach ca. 5 Minuten versucht jeder Spieler, einen Ton zu finden, der gut zu ihm paßt. Jetzt summt also jeder seinen Lieblingston. Alle sollen summend einen Partner finden, dessen Lieblingston am besten zum eigenen paßt.

Anmerkung:
Die Paare können nach einem Dirigat des Spielleiters ein zweistimmiges Summchorstück realisieren. Ferner bietet sich ein Gespräch über die gespürten Resonanzräume der verschiedenen Summtöne an.

Spielform:
Bewegungsspiel, Stimmspiel, Selbsterfahrungsspiel, Wahrnehmungsspiel, Interaktionsspiel

Gruppierung:
Alle verteilt im Raum, dann Paare

Tempo/Dauer:
ruhig, bis 15 Minuten

Aktivitäten im Spiel:
wahrnehmen, erforschen, konzentrieren, fühlen

Musikalische Erfahrungen:
– Selbstbestimmt singen

– Den Zusammenhang von Atem – Bewegung – Stimme erfahren

– Sich mit einem Ton identifizieren

– Singend interagieren bzw. kommunizieren

Holthaus KLANGDÖRFER © Fidula

S — Mindestalter 8 Jahre

Spielform:
Stimmspiel, Rhythmusspiel, Interaktionsspiel

Gruppierung:
Kleingruppen mit 3–6 Spielern

Tempo/Dauer:
lebhaft, bis 15 Minuten

Aktivitäten im Spiel:
sprechen, singen, kooperieren, konzentrieren

Musikalische Erfahrungen:
– Ein dreistimmiges Sprechostinato ausführen

– In Untergruppen spielend sprechen bzw.
  singen

– Einen Rhythmus in der Gruppe durchhalten

– In einem spielerischen Prozeß crescendo
  und decrescendo als einen psychodyna-
  mischen Vorgang kennenlernen

Summertime

In Teilgruppen verschiedene Sprechverse sprechen bzw. singen.

Vorbereitung:
Alle Gruppenteilnehmer lernen zunächst die drei unten angegebenen Sprechverse.

Die Gesamtgruppe teilt sich in drei ungefähr gleich große Untergruppen, den Touristen, Ärzten und Sonnenanbetern. Die beiden Gruppen Ärzte und Sonnenanbeter
stellen sich jeweils an den gegenüberliegenden Wänden des Raumes auf. Beide
Gruppen beginnen zur gleichen Zeit, ihre Verse zu sprechen. Sie gehen dabei langsam aufeinander zu. Wenn sie sich in der Mitte des Raumes begegnen, werden sie
von den sprechenden Touristen umkreist. Alle sollten dabei zu demselben Metrum
sprechen. Nach einiger Zeit der „Auseinandersetzung" in der Mitte des Raumes
lösen sich die Gruppen wieder voneinander und gehen zu der gegenüberliegenden
Seite ihres Ausgangspunktes. Dann beginnt das Spiel erneut. Höchstens drei
Spieldurchgänge!

Anmerkung:
Es empfiehlt sich, den Text zunächst als gesprochenes und dann erst als gesungenes
Ostinato zu nehmen.

116   Holthaus KLANGDÖRFER © Fidula

Summertime (Texte von K. Jellinek und Fr. Cordes)

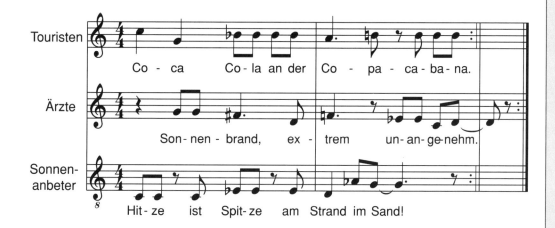

Tips zum Einüben der Melodien:

– Folgende Reihenfolge der Melodien vermeidet Schwierigkeiten in der Melodieführung bzw. im Finden der Anfangstöne:
II: Sonnenanbeter – Touristen – Sonnenanbeter – Ärzte :II

– In dieser Reihenfolge (S–T–S–Ä) läßt sich auch ein Kanon singen.

Mindestalter 10 Jahre

Spielform:
Bewegungsspiel, Stimmspiel, Improvisationsspiel, Selbsterfahrungsspiel, Entspannungsspiel

Gruppierung:
Alle verteilt im Raum

Tempo/Dauer:
ruhig, 10–30 Minuten

Aktivitäten im Spiel:
wahrnehmen, konzentrieren, kreativ sein, kombinieren, fühlen

Musikalische Erfahrungen:
– mehrstimmig singen

– Die Schwingungsräume der Vokale spüren

– Sich der Zeit und dem Raum hingeben durch gestaltende Atmung und gestaltende Bewegung

– Sich entspannen durch die Wirkung der mehrstimmigen Vokalklänge

„Tai-Chi" mit Singen

Vokale mit unterstützenden Bewegungen singen, so daß ein mehrstimmiges Stimmklangstück entsteht.

Vorbereitung:
Die Gruppenmitglieder erlernen zuerst die Bewegungselemente, die zu den Vokalen gehören:

U = Beide Hände werden von der Brust aus langsam nach unten bewegt.

O = Die ausgebreiteten Arme bewegen sich langsam zum Bauch.

A = Von der Brust aus öffnen sich langsam die Arme zu einer „Empfangsgeste".

E = Die Arme zu einem „T" ausstrecken, Unterarme nach unten abwinkeln und langsam zu den Hüften führen.

I = Die nach vorne gestreckten Handflächen werden langsam so gegeneinander bewegt, daß sie sich einen Moment begegnen.

Jedes Gruppenmitglied entwickelt Bewegungsabläufe aus den oben beschriebenen Bewegungselementen und singt die dazugehörenden Vokale. (Das U in einer tiefen Stimmlage; O in der unteren Mittellage; A in der oberen Mittellage, E in einer hohen Lage und das I mit der Kopfstimme.) Zuerst singt und bewegt sich jeder an <u>einem</u> Standort im Raum mit geschlossenen Augen, dann sucht man sich für jeden neuen Bewegungsablauf einen neuen Standort.

Anmerkung:
Alle Bewegungen sind langsam auszuführen. Alle Vokale sollen möglichst langsam gesungen werden.

Holthaus KLANGDÖRFER © Fidula

Taktstöcke

Auf den Taktschwerpunkten einer Musik über liegende Stäbe gehen.

Vorbereitung:

Auf dem Boden legt man mit Gynmastikstäben einen Rundkurs. Der Abstand zwischen den Stäben sollte ca. 2m betragen. Die Anzahl der Stäbe muß mindestens der Gruppengröße entsprechen.

Jeder Spieler steht in Kreisrichtung vor einem Stab. Der Spielleiter spielt auf der Gitarre einen deutlichen Vierertakt, z. B. in folgender Akkordfolge: ID-A-C-GI ID-G-C-FI IE7-A-E7-AI. Jeder Spieler versucht nun, genau auf dem Taktschwerpunkt über den Stab und auf den unbetonten Taktzeiten in dem folgenden Zwischenraum zu gehen. Gelingt es der Gruppe, improvisiert der Spielleiter über dem angegebenen Harmonieschema unter Beibehaltung des Viertertaktes. Dann Taktwechsel (Dreiertakt) mit einem anderen Harmonieschema! Akkordfolge: IC-F-D-GI IEm-A-Em-AI IC-D-G-GI usw.

Variante:

Statt des Rundkurses wird eine Gerade gelegt. Die Spieler stehen als Schlange vor dem ersten Stab. Auf dem Taktschwerpunkt nimmt der erste Spieler den ersten Stab und geht mit ihm wie oben beschrieben über den Kurs und legt ihn am Ende wieder an. Achtung! Genügend Zwischenraum lassen! Die Mitspieler folgen möglichst schnell. Auf diese Weise entsteht ein sich ständig wechselnder Taktstockkurs.

Spielform:
Wahrnehmungsspiel, Bewegungsspiel, Rhythmusspiel, Selbsterfahrungsspiel, Interaktionsspiel

Gruppierung:
Kreis, Gruppe vor dem Spielleiter

Tempo/Dauer:
lebhaft, 10–30 Minuten

Aktivitäten im Spiel:
wahrnehmen, fühlen, einschätzen, kombinieren, konzentrieren, geschickt verhalten, schnell reagieren

Musikalische Erfahrungen:
– Taktschwerpunkte empfinden
– Den Zusammenhang von Zeit und Raum erleben
– Taktwechsel wahrnehmen und körperlich mitvollziehen

Holthaus KLANGDÖRFER © Fidula

Mindestalter 10 Jahre

Spielform:
Bewegungsspiel, Trommelspiel, Rhythmus-spiel, Selbsterfahrungsspiel

Gruppierung:
Kreis, Gruppe mit 3–15 Spielern

Tempo/Dauer:
lebhaft, 10–30 Minuten

Aktivitäten im Spiel:
spontan handeln, schnell reagieren, wahr-nehmen, darstellen, empathisch handeln

Musikalische Erfahrungen:
– Trommelnd auf eine Person eingehen

– Bewegungsphantasie entwickeln können
  aufgrund der Sicherheit gebenden
  Trommelgruppe

– Bewegungen verklanglichen

– Ein polyrhythmisches Trommelstück
  spielen

Tanztrommel – Trommeltanz

Auf Trommeln wird der Bewegungsrhythmus eines Tanzenden gespielt. Dann tanzt dieser frei zum entstandenen Trommelrhythmus.

Vorbereitung:
Trommeln, Pauken und/oder Kongas werden als Kreislinie einer Tanzfläche aufge-stellt.

Die Gruppenmitglieder sitzen im Kreis vor je einem Instrument. Ein Gruppenmitglied tanzt nun im Innenkreis eine gleichbleibende Schrittfolge z. B. eines Modetanzes. Die Instrumentalisten übertragen spontan die tänzerischen Impulse auf ihre Trommeln. Wenn der Tänzer spürt, daß der entstandene, mehrstimmige Rhythmus deutlich und sicher gespielt wird, löst er sich von seiner Schrittfolge und tanzt frei zum gleichblei-benden Trommelrhythmus. Der Tänzer beendet den Spieldurchgang durch Rollen-tausch mit einem Instrumentalisten. Das Spiel ist beendet, nachdem jeder einmal die Rolle des Tänzers übernommen hat.

Variante:
Das Spiel ist auch mit zwei Tänzern möglich. Diese sollten dann Glockenbänder an den Füßen haben, damit sich die Instrumentalisten besser orientieren können.

Holthaus KLANGDÖRFER © Fidula

Mindestalter 5 Jahre

Tierstimmenquartett

Die Spieler finden sich durch Nachahmen von Tierstimmen zu einer Tierfamilie und stellen dann die typischen Verhaltensweisen der Tiere dar.

Vorbereitung:
Karten mit Zeichnungen von Tieren; je drei Karten mit der gleichen Zeichnung bilden eine Familie, z.B. Frösche, Vögel, Kühe, Katzen usw.

Jeder Spieler zieht eine Karte und verrät aber noch nicht sein Tier. Auf Kommando ahmt jeder seine Tierstimme nach. Gleiche Tiere treffen sich und stellen dann ihre typischen Bewegungsarten dar. Nach jedem Spieldurchgang werden die Karten entweder neu gemischt oder ein neues Kartenpäckchen ins Spiel gebracht.

Variante:
Die Familien spielen spontan eine Situation, die für die jeweiligen Tiere typisch sind.

Variante:
Die Tierfamilien treffen sich und spielen miteinander.

Anmerkung:
Bei einer Gruppe von 15 Spielern müssen 5 verschiedene Tiere vorkommen, bei 12 Gruppenmitgliedern 4 Tiere usw.

Spielform:
Wahrnehmungsspiel, Verklanglichungsspiel, Stimmspiel, Interaktionsspiel, Einteilungsspiel

Gruppierung:
Alle verteilt im Raum, dann Kleingruppen mit 3 Spielern

Tempo/Dauer:
lebhaft, 10–30 Minuten

Aktivitäten im Spiel:
spontan handeln, Phantasie entwickeln, darstellen

Musikalische Erfahrungen:
– Tierstimmen nachahmen

– Ganzkörperlich spielen: Stimme, Haltung, Bewegung, Gestik, Mimik

---

Idee: nach Barbara Haselbach

T — **Mindestalter 8 Jahre**

Spielform:
Wahrnehmungsspiel, Interaktionsspiel

Gruppierung:
Kreis

Tempo/Dauer:
lebhaft, bis 10 Minuten

Aktivitäten im Spiel:
kooperieren, wahrnehmen, geschickt verhalten, schnell reagieren, taktisch handeln

Musikalische Erfahrungen:
– Das eigene Spiel in einem größeren Zusammenhang erleben: wechselnde Gruppenzugehörigkeit und wechselnde Raum- und Zeitbezüge der Töne

Töne jagen

Zwei Töne wandern im Kreis; der eine muß den anderen einholen.

Vorbereitung:
Klangblöcke (klingende Stäbe) und Schlägel für jeden Teilnehmer.

Alle Gruppenmitglieder bilden mit ihren ausgewählten Klangblöcken einen Kreis. Entgegen dem Uhrzeigersinn werden nun die Klangblöcke der Reihe nach in zwei ständig wechselnden Gruppen angeschlagen: fängt Spieler A an, ist das gegenübersitzende Gruppenmitglied der Spieler B. Diese(r) reagiert sofort durch Anschlagen des eigenen Klangblocks. Das Spiel ist beendet, wenn ein B-Spieler den A-Spieler einholt, sozusagen B-Spieler = A-Spieler ist.

Variante:
Richtung wechseln durch Rufen. Dann wird der B-Spieler zum A-Spieler.

Anmerkung:
Die Teilnehmer sollten die Klangblöcke in die Hand nehmen und sich beim Anschlagen dem Nachbarn zuwenden, damit der sich besser in das Spieltempo einfühlen kann.

Holthaus KLANGDÖRFER © Fidula

Mindestalter 4 Jahre

Tonfäden

Die Spieler probieren aus, wie lange sie einen Ton singen können und gestalten mit den Tonfäden ein Stimmstück.

Vorbereitung:

Ein Schuhkarton mit vier Wollknäuel in vier verschiedenen Farben (gelb, rot, blau, schwarz) wird so vorbereitet, daß jeweils an den Seitenflächen die vier Fäden heraus- schauen; eine Schere.

Jeder Spieler überlegt sich eine Silbe, auf der er einen Ton singen kann. Der Reihe nach wählt nun jeder einen Faden aus, nimmt ihn in die Hand, beginnt einen Ton zu singen, und zieht dabei den Faden aus der Schachtel. Endet der Ton, schneidet er den Faden ab. Mit den Fäden legt nun die Gruppe eine Partitur für ein Stimmstück. Alle Gruppenmitglieder mit der gleichen Fadenfarbe gehören jetzt zur gleichen Stim- me. Nach Verabredung der Singsilben in den Untergruppen, wird nach der Partitur gesungen.

Variante:

Aus den Fäden kann man Vokale formen und diese dann nach den o. a. Regeln singen.

Anmerkung:

Die verschiedenen Farben können auch die Tonhöhe bestimmen, in denen gesungen werden soll, z. B. gelb = hohe Stimmlage, schwarz = tiefe Stimmlage usw.

Spielform:
Stimmspiel, Improvisationsspiel, Selbster- fahrungsspiel

Gruppierung:
Kreis

Tempo/Dauer:
ruhig, 10–30 Minuten

Aktivitäten im Spiel:
konzentrieren, erforschen, fühlen, graphisch darstellen

Musikalische Erfahrungen:
– „Lange" Töne singen und sichtbar werden lassen
– Mit unterschiedlichen Tonlängen und Ton- höhen ein Stimmstück gestalten

---

Holthaus KLANGDÖRFER © Fidula

Mindestalter 6 Jahre

Spielform:
Bewegungsspiel, Trommelspiel, Improvisationsspiel, Selbsterfahrungsspiel

Gruppierung:
Kreis

Tempo/Dauer:
lebhaft, 10–30 Minuten

Aktivitäten im Spiel:
wahrnehmen, darstellen, schnell reagieren, spontan handeln, sich geschickt verhalten

Musikalische Erfahrungen:
– Trommeln als ganzheitliche Tätigkeit erleben durch das Zusammenwirken von Instrumentalspiel, Gestik/Mimik, und Stimmeneinsatz
– Auf nonverbalem Wege sensibel für sich und für andere sein
– Neue Möglichkeiten der Selbstdarstellung finden durch den Mut, neue und ungewöhnliche Spielweisen zu entwickeln

Trommel Feedback

Die Gruppe imitiert ein Gruppenmitglied in allem, was dieses tut.

Vorbereitung:
Fellinstrumente (Trommeln, Pauken, Congas) werden kreisförmig zu einer Trommelbühne aufgestellt.

Alle beginnen aus der Stille heraus, frei auf den Instrumenten zu spielen. Nach einer kurzen Zeit des Sich-frei-Spielens beobachten die Gruppenmitglieder den Ältesten aus der Gruppe und imitieren diesen möglichst genau in allem, was er macht (Art zu trommeln, Körperbewegungen, Veränderungen im Gesichtsausdruck, Stimme). Wenn der „Vorspieler" den Spieldurchgang beenden will, hört er auf zu trommeln und schließt die Augen. Der zweite Durchgang beginnt wieder mit dem freien Instrumentalspiel. Nun wird der Zweitälteste imitiert usw.

Variante:
Nur das Trommeln wird imitiert.

Variante:
Das Trommeln wird mit der Stimme begleitet (Sprechen, Rufen, Summen, Singen).

Anmerkung:
Der Sinn des Spiels ist nicht, jemanden perfekt nachzuahmen. Die Mischung aus Imitation und Reaktion ergibt eine Eigendynamik im Spiel.

Idee: Wolfgang Meyberg

Mindestalter 8 Jahre

Trommelkanon

Zu viert in einer Viererpulsation auf einer Konga spielen.

Vorbereitung:

Für jede Vierergruppe eine Konga (oder Orffpauke); jeder aus der Vierergruppe übt zunächst die Viererpulsation kurz alleine. Er spricht dabei gleichmäßig „Ta-ke-ti-na". Bei der ersten Silbe schlägt er mit der rechten, flachen Hand auf die Mitte des Fells, bei den anderen Silben abwechselnd, d. h. im Wechselschlag, mit den Fingerspitzen an den Rand des Fells, so daß ein deutlicher Viertakt zu hören ist.

Die Spieler jeder Gruppe sitzen im rechten Winkel zueinander um die Konga, so daß sich jeweils zwei gegenübersitzen. Nun beginnt einer aus der Gruppe die Viererpulsation zu spielen. Der gegenübersitzende Spieler beginnt danach mit der gleichen Pulsation. Keine Angst! Auf der Konga ist Platz für zwei Hände. Die anderen beiden Spieler suchen sich nun den Moment, an dem die Mitte des Fells frei ist und beginnen dort jeweils mit ihrer Viererpulsation. Sie müssen dabei das Metrum der anderen Spieler übernehmen. Nun ist eine Pulsation mit wechselnden Akzenten entstanden. Der Spielleiter kann dazu auf dem Klavier improvisieren oder das folgende Pattern (Seite 126) spielen:

Variante:

Jeder Spieler hat eine Konga und spielt eine Viererpulsation. Er kann selber entscheiden, wann er sie beginnen will. Bedingung ist jedoch, daß jeder das Metrum des anfangenden Spielers übernimmt.

Variante:

Jeder Spieler entwickelt andere Pulsationen, z. B. Zweier-, Dreier- und zusammengesetzte Pulsationen.

Anmerkung:

Bei auftretenden Schwierigkeiten im Tempohalten kann der Spielleiter das Metrum mit der Glocke angeben.

Holthaus KLANGDÖRFER © Fidula

Spielform:
Trommelspiel, Rhythmusspiel, Interaktionsspiel

Gruppierung:
Kleingruppen mit 4 Spielern

Tempo/Dauer:
lebhaft, bis 15 Minuten

Aktivitäten im Spiel:
kombinieren, konzentrieren, kooperieren, geschickt verhalten

Musikalische Erfahrungen:

– Eine Pulsation durchhalten

– In der gleichbleibenden Pulsation Rhythmen hören und die eigene Pulsation durchhalten

– Ein Gefühl für Beat/Offbeat und für Synkopen bekommen

Trommelkanon

Teil A

Teil B

Mindestalter 10 Jahre

Trommelstreit

Zwei Personen führen in unterschiedlichen Rollen auf einer Trommel ein Streitgespräch.

Vorbereitung:

Mehrere Kongas werden frei im Raum verteilt.

Jeweils zwei Gruppenmitglieder sitzen an einer Konga gegenüber. Sie verabreden, wer von ihnen die „No"-Rolle und wer die „Si"-Rolle übernimmt. Nun spielen sie abwechselnd die Konga und rufen, flüstern oder schreien dabei „No" bzw. „Si". Fühlt sich ein Spieler in seiner Rolle nicht mehr wohl, wechselt dieser unvermittelt in die Rolle des Gegenspielers, der dann ebenfalls wechseln muß. Hört ein Spieler auf, ist der Spieldurchgang beendet. Danach Partnerwechsel.

Variante:

Mit den zusätzlichen Bedingungen „Se Si Se No" (wenn ja, dann nein) und „Se No Se Si" (wenn nein, dann ja) wird der Trommelstreit abwechslungsreicher.

Spielform:
Stimmspiel, Trommelspiel, Selbsterfahrungsspiel, Interaktionsspiel

Gruppierung:
Paare

Tempo/Dauer:
ruhig bis sehr lebhaft, 15–30 Minuten

Aktivitäten im Spiel:
einschätzen, darstellen, sich geschickt verhalten, schnell reagieren

Musikalische Erfahrungen:
– Die Ausdrucksfähigkeit durch das Zusammenwirken von Sprechen und Trommeln steigern

– Den Partner durch den Prozeß der „musikalischen" Rollenumkehrung besser wahrnehmen

Idee: nach Wolfgang Meyberg

Mindestalter 10 Jahre

Spielform:
Bewegungsspiel, Improvisationsspiel,
Rhythmusspiel, Interaktionsspiel

Gruppierung:
Paare

Tempo/Dauer:
lebhaft, bis 15 Minuten

Aktivitäten im Spiel:
wahrnehmen, gestalten, fühlen, konzentrieren, kreativ sein

Musikalische Erfahrungen:
– Tanzen bewußt als Raum- und/oder Zeitbewältigung erfahren

– Die Musik in ihren Strukturen anders wahrnehmen durch die Aktionen bzw. Reaktionen des führenden Partners

– In verteilten Rollen improvisieren

Vorwärts – Rückwärts – Stand

Durch Gehrichtungen mit einem Partner einen Tanz gestalten.

Vorbereitung:
Stark rhythmisch geprägte Musik, z. B. Rockmusik.

Alle Paare gehen nach dem Metrum (Tempo) der Musik. Spieler A führt Spieler B durch Körperberührungen:
a) gestreckte Handfläche auf einer Schulter = stehenbleiben;
b) Handballen auf einem Schulterblatt   = vorwärtsgehen;
c) Finger auf einem Brustmuskel   = rückwärtsgehen.
Die Wechsel der Gehrichtungen sollten mit der Musik abgestimmt sein.

Variante:
Die beschriebenen Körperberührungen bedeuten:
a) gehen im Grundtempo der Musik, d. h. time;
b) gehen im doppelten Tempo, d. h. double time;
c) gehen im halben Tempo, d. h. half time.

Variante:
Im Stehen werden zur Musik die verschiedenen Tempi geklatscht.

Variante:
Spieler A sitzt an einem Instrument, Spieler B leitet dessen Spiel mit den Möglichkeiten der Variante 2.

Holthaus KLANGDÖRFER © Fidula

Mindestalter 5 Jahre

W

Wandernde Klanggasse

Blind durch eine klingende Gasse gehen, die sich ständig verändert.

Vorbereitung:
Für jeden Spieler ein beliebiges, tragbares Instrument.

Die Spieler bilden eine Gasse und spielen leise ihre Instrumente. Jede(r) soll nun der Reihe nach mit geschlossenen Augen durch die Gasse gehen, ohne dabei das eigene Instrument zu spielen. Am Ende der Gasse öffnet man die Augen und reiht sich wieder spielend ein. Dabei kann dann auch eine „kurvige" Gasse entstehen.

Variante:
Die Instrumentalisten spielen erst dann, wenn der „Blinde" sich auf ihrer Höhe befindet; sie spielen dann also nacheinander.

Anmerkung:
Die Spannung im Spiel kann durch einen verdunkelten Raum gesteigert werden.

Spielform:
Wahrnehmungsspiel, Selbsterfahrungsspiel

Gruppierung:
2 Halbgruppen bilden eine Gasse

Tempo/Dauer:
ruhig, bis 10 Minuten

Aktivitäten im Spiel:
blind wahrnehmen, konzentrieren, geschickt verhalten

Musikalische Erfahrungen:
– Sich räumlich nach Klängen orientieren

– Unterschiedliche Klangeindrücke bekommen

– Ein Instrument so spielen, daß es weder ein anderes Instrument übertönt, noch zu leise klingt

---

Holthaus KLANGDÖRFER © Fidula

Mindestalter 14 Jahre

Spielform:
Improvisationsspiel, Selbsterfahrungsspiel, Interaktionsspiel

Gruppierung:
Kreis, Kleingruppen mit 4–6 Spielern

Tempo/Dauer:
ruhig, 30–60 Minuten

Aktivitäten im Spiel:
darstellen, beurteilen, einschätzen, empathisch handeln

Musikalische Erfahrungen:
- Psychomotorische Vorgänge mit musikalischen Mitteln darstellen
- Musik als Kommunikations- und Interaktionsmittel erleben

Wen meine ich?

Einer charakterisiert ein anderes Gruppenmitglied mit rein akustischen Mitteln. Die Gruppe muß erraten, wer gemeint ist.

Vorbereitung:
Viele verschiedene Instrumente (z. B. aus dem Orff-Instrumentarium bzw. eigene Instrumente der Gruppenmitglieder) in der Mitte des Stuhlkreises.

Ein Teilnehmer sucht sich eine Person xy aus, ohne erkennen zu lassen, wen er meint. Er nimmt sich ein oder auch mehrere Instrumente und stellt damit die Wesensart des ausgesuchten Gruppenmitgliedes dar, also z. B. schüchtern, auffallend, übereifrig, stur, chaotisch usw. Danach geben alle aus der Gruppe einen Tip ab, wer gemeint sein könnte und begründen dies. Zum Schluß wird aufgeklärt, wer gemeint war.

Variante:
Am Schluß kann der Spieler xy sich so darstellen, wie er sich selber sieht bzw. ein anderer Teilnehmer, der mit der Charakterisierung nicht einverstanden ist, könnte diese musikalisch anders darstellen.

Anmerkung:
Für dieses Spiel sollte sich die Gruppe schon gut kennen und gut aufeinander eingespielt sein.

Idee: nach Gertrud Loos

Wettermassage – musikalisch

Verschiedene Wetterlagen musikalisch darstellen und als „background" für eine Massage einsetzen.

Vorbereitung:
Für jede Kleingruppe eine Decke und die in der Tabelle angegebenen Instrumente.
Zu Beginn proben alle Spieler folgende Spieltechniken auf den Instrumenten:

Nieselregen = Handtrommel = mit den Fingerspitzen leicht auf das Fell tippen.
Dicke Regentropfen = Handtrommel = Fell mit dem Zeigefinger anschnipsen.
Schauer = Xylophon = Mit dem Schlägel von oben nach unten über die Platten streifen (glissando).
Wind = Handtrommel = Mit der flachen Hand über das Fell reiben.
Sonnenstrahlen = Fingerzymbeln
Glockenspiele = einzelne Töne
Tauwetter = Handtrommel = Mit dem Fingernagel über das Fell fahren und am Ende der Strecke kurz mit dem Fingerknöchel antippen.

Eine(r) legt sich nun bäuchlings auf die Decke. Zwei andere knien seitlich. Diese haben die Aufgabe, den Liegenden auf dem Rücken nach dem Verlauf der Wettermusik zu massieren: Nieselregen = Fingertippen, Regentropfen = mit Mittel- und Zeigefinger klopfen, Schauer = mit den Händen von der Schulter abwärts zu den Beinen streifen, Sturm = die Hüfte leicht hin- und herschieben, Tauwetter = mit einem Finger über den Rücken fahren. Ein Gruppenmitglied leitet die Massage durch sein Instrumentalspiel.

Variante:
Der Spieler mit den Instrumenten folgt der Massage.

Variante:
Partnerspiel: der Spieler mit den Instrumenten sitzt vor dem Masseur, der auf dem Rücken die oben beschriebene Wettermassage ausführt. Der Instrumentalist überträgt die „Massageeindrücke" auf die verschiedenen Instrumente.

Idee: nach Ulrich Baer

Spielform:
Wahrnehmungsspiel, Verklanglichungsspiel, Selbsterfahrungsspiel, Entspannungsspiel

Gruppierung:
Kleingruppen mit 4 Spielern

Tempo/Dauer:
ruhig, 10–30 Minuten

Aktivitäten im Spiel:
darstellen, wahrnehmen, fühlen, konzentrieren, kombinieren, entspannen

Musikalische Erfahrungen:
– Außermusikalische Vorgänge verklanglichen und körperlich wahrnehmen

– Klangverläufe in sensible Bewegungen umsetzen

– Sich in einem ganzheitlichen musikalischen Prozeß entspannen

Z ——Mindestalter 10 Jahre————————————————————————

Spielform:
Wahrnehmungsspiel, Verklanglichungsspiel, Improvisationsspiel

Gruppierung:
Alle verteilt im Raum, dann Kreis

Tempo/Dauer:
ruhig, 10–30 Minuten

Aktivitäten im Spiel:
wahrnehmen, kreativ sein, raten, kombinieren, Phantasie entwickeln

Musikalische Entwicklungen:
– Graphische Zeichen durch musikalisch-gestaltende Tätigkeit hörbar machen und neu wahrnehmen

– Musikalische Gestalten erkennen und vorgegebenen Bildern zuordnen

– Musikalische Normen entdecken und anwenden

Zeichenklänge – Klangzeichen

Aus einer Liste von graphischen Zeichen stellen drei Spieler drei Zeichen musikalisch dar. Die Restgruppe muß heraushören, welche Zeichen gespielt werden.

Vorbereitung:
Beliebige Instrumente aus dem Orff-Instrumentarium; für jeden Spieler eine Liste mit den folgenden graphischen Zeichen:

Jedes Gruppenmitglied sucht sich 1–3 Instrumente aus und probiert verschiedene Klangdarstellungen für die Zeichen auf der Liste. Dann bilden alle Spieler mit ihren Instrumenten einen Kreis. Immer drei Gruppenmitglieder führen nun je eine Zeichenverklanglichung vor, indem sie diese ständig wiederholen. Die anderen versuchen herauszuhören, welche Zeichen gespielt werden. Erkennt nun ein Gruppenmitglied eines der Zeichen, so spielt er es in seiner Fassung mit. Ein Durchgang ist beendet, wenn wenigstens zwei der gespielten Zeichen erkannt wurden.

132

Idee: nach Walter Kohlmann

Zeichenklänge – Klangzeichen

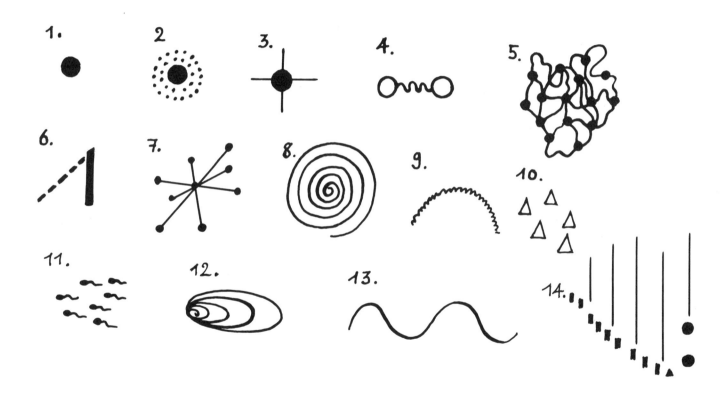

Mindestalter 6 Jahre

Spielform:
Verklanglichungsspiel, Rhythmusspiel, Entspannungsspiel, Selbsterfahrungsspiel

Gruppierung:
Paare

Tempo/Dauer:
ruhig, ca. 15 Minuten

Aktivitäten im Spiel:
wahrnehmen, fühlen, konzentrieren, kombinieren, entspannen

Musikalische Erfahrungen:
– Rhythmen körperlich empfinden
– Sich in rhythmischen Abläufen bewegen
– Außermusikalische Vorgänge durch die Parameter Tempo, Rhythmus und Dynamik darstellen

Zoorhythmen

Der Partner ahmt Bewegungsrhythmen von Tieren auf dem Rücken eines Liegenden nach.

Vorbereitung:
Für jede Zweiergruppe eine Decke.

Spieler A liegt bäuchlings auf der Decke. B kniet seitlich. Der Spielleiter erzählt abschnittweise eine Geschichte über einen Besuch im Zoo. Spieler B läßt nun die in der Geschichte vorkommenden Tiere über den Rücken des Liegenden marschieren. Danach Partnerwechsel!

Anmerkung:
Wegen des gleichzeitigen Massage- und Entspannungseffektes in diesem Spiel, sollten folgende Tiere in der Geschichte vorkommen. Die angegebene Reihenfolge sollte dabei berücksichtigt werden.

Elefant	= Mit der flachen Hand abwechselnd über den Rücken „marschieren".
Pferd	= Mit den Fingerspitzen abwechselnd über den Rücken traben.
Pferd	= Im punktierten Rhythmus mit den Fingerspitzen über den Rücken galoppieren.
Känguruh	= Mit beiden Händen gleichzeitig große Sprünge andeuten.
Buntspecht	= Mit einem Finger im ♫ ♩ -Rhythmus leicht auf den Rücken klopfen
Zwerghühner	= Mit den Fingerspitzen in selbstgewählten Rhythmen leicht kratzen.
Wiesel	= Mit einzelnen Fingern kreuz und quer leicht über den Rücken fahren.
Schlange	= sanft den Rücken streicheln.

Der Spielleiter sollte für eine ernste und ruhige Atmosphäre sorgen und zwischen den Abschnitten genügend Zeit für die „Massage" lassen.

Holthaus KLANGDÖRFER © Fidula

KOMMENTIERTE
PRAXISBEISPIELE

Kreuzfahrt auf der MS Santa Musica

– Eine thematische Musikspielkette –

Pädagogische Zielperspektiven:

– Hinführung zu kooperativer Leistung im musikalischen Tun
– Musik in unterschiedlichen Funktionen kennenlernen

Nr.	Geschichte
1	Begrüßung durch den Kapitän; Begrüßungscocktail: Rosinen, Nüsse, Bonbons etc: Diejenigen, die den gleichen Cocktail haben, bilden Paare; Kennenlernparty mit Tanz
2	Die Passagiere sind neugierig, wie die Kabinen der anderen aussehen
3	Einladung zum Rundgang unter der Leitung des Deckoffiziers, Besichtigung der Freizeitmöglichkeiten auf dem Schiff: a) Eiskunstbahn
4	Der Deckoffizier führt die Passagiere zum b) Fitness-Studio für musische Leute
5	Angebot, an den Proben des c) Matrosenchors teilzunehmen
6	Besichtigung des d) Gesundheitszentrums
7	Besuch der Santa Musica Nightbar
8	Überraschender Stromausfall und Maschinenstop auf dem Schiff. Mühsam suchen sich die Passagiere den Weg zum Maschinenraum
9	Alle versuchen den Dieselmotor wieder in Gang zu setzen
10	Zum Dank lädt der Kapitän die Passagiere zu einer kostenlosen, erholsamen Massage ins Gesundheitszentrum ein

Kreuzfahrt auf der MS Santa Musica

Nr.	Spiel	Spielform
1	Vorwärts – Rückwärts – Stand	Tanzspiel
2	Besuch beim Nachbarn	Wahrnehmungsspiel
3	Paarlaufen	Musikmalspiel
4	Fitness-Studio für das Zwerchfell	Stimmspiel
5	Liedermat(s)ch	Stimmspiel, Einteilungsspiel
6	Wettermassage – musikalisch	Verklanglichungsspiel, Entspannungsspiel
7	Nachttanz	Tanzspiel
8	Blind über Hindernisse	Wahrnehmungsspiel, Bewegungsspiel
9	Dampflok (hier: Dieselmotor)	Improvisationsspiel
10	Rücken an Rücken	Entspannungsspiel, Bewegungsspiel

Kreuzfahrt auf der MS Santa Musica

Nr.	Zielperspektive	Gruppierung/kooperativer Weg
1	Musikalische Strukturen räumlich und zeitlich erleben	Paare; erster Kontakt (visuell, taktil)
2	Auditive Wahrnehmungsförderung	Paare und wechselnde Paare; auditiver Kontakt mit dem Partner
3	Musikhören als Tätigsein erleben	Paare; Wahrnehmung des Partners über den kinästhetischen Sinn
4	Den Zusammenhang von Atem, Bewegung und Stimme erleben	Wechselnde Paare; ganzkörperlich kooperieren
5	Sich singend räumlich und personell orientieren	Wechselnde Gruppierungen; sich in Gruppen singend behaupten
6	Sich in einem ganzheitlichen, musikalischen Prozeß entspannen	Dreiergruppen; einen bewußten Körperkontakt zulassen
7	Frei nach Musik tanzen, Musik als ordnendes Medium erleben	Wechselnde Paare; das Bewegungsverhalten unterschiedlicher Partner kennenlernen
8	Musik (Klänge) als Kommunikationsmittel einsetzen	Dreiergruppen; jemanden behutsam führen; den Spielpartnern vertrauen
9	Die eigenen musikalischen Ausdrucksmöglichkeiten mit Hilfe des Themas und der Mitspieler steigern	Gesamtgruppe mit situativen Untergruppen; sich beim Musizieren auf das Gruppenverhalten konzentrieren
10	Tätigsein zur Musik als Entspannung erleben	Paare; sich mit einem vertrauten Partner entspannen durch sensible Bewegungen

Kreuzfahrt auf der MS Santa Musica

Kommentar:

Das erste Praxisbeispiel bietet eine thematische Spielkette, bei der die Entwicklung des Gruppengeschehens betont wird, hier: kooperatives Verhalten im musikalischen Tun. Die Spielkette besteht aus einer Folge von 10 Musikspielen, die in eine Erlebnisgeschichte eingebaut und nach den Bedingungen einer Zielperspektive hierarchisch geordnet sind. Dabei bestimmt die „geplante" Entwicklung des kooperativen Verhaltens den pädagogischen Weg, auf dem unterschiedliche musikalische Erfahrungen gemacht werden können.

Die Erlebnisgeschichte vermittelt in diesem Zusammenhang Rollenspielatmosphäre, was wiederum das Sich-Hineinwagen in den spielerischen Prozeß erleichtert. In dem Zusammenhang von Musik und Spiel können auf diese Weise sowohl musikalisierende als auch soziale Vorgänge stattfinden. Dabei besteht zwischen den beiden Medien eine Wechselwirkung: Musik bzw. musikalische Tätigkeit kann den spielerischen Prozeß verstärken, umgekehrt kann das Spiel musikalisches Tun erst richtig als Spaß bereitendes, nicht mit Angst besetztes Erlebnis vermitteln.

Der kooperative Weg in der Spielkette wird durch das Prinzip der kleinsten Schritte bestimmt: Paare – wechselnde Gruppierungen – wechselnde Paare – Dreiergruppen – Gesamtgruppe.

Die Auswahl der Spielformen richtet sich nach der Forderung, möglichst viele Sinne anzusprechen und Musik in seinen unterschiedlichen Funktionen zu erleben.

Trommelspielkette

Pädagogische Zielperspektive: Hinführung zur Rhythmusimprovisation

Nr.	Spiel	Erfahrungsfelder, die am deutlichsten hervortreten
1	Glühwürmchen	Sensibilisierung für: a) Beschaffenheit, Struktur, Form, Temperatur, Geruch, b) Klangfarbe, Klangstärke, Klangdauer, Stimmung des Instrumentes
2	Sich trommelnd einmischen	Orientierung im wechselnden Spannungsverhältnis, alleine zu spielen oder sich mit dem Nachbarn einzulassen; dadurch Konzentration auf die eigenen Bewegungsimpulse, dadurch entschlossenere musikalische Tätigkeit
3	Namen trommeln	Steigerung der eigenen Ausdrucksfähigkeit – Expressivität – durch den Zusammenhang von Trommeln und Sprechen; Steigerung der Flexibilität durch wechselnde Initiativen der Spieler und deren wechselseitiger Anpassung
4	Trommel Feedback	Förderung der Expressivität durch das Zusammenwirken von Instrumentalspiel, Gestik/Mimik und Stimmeinsatz; Erfahren der eigenen Verhaltensweisen durch Erlebnisse von eigener Aktion und der Reaktion der anderen (Kommunikation und Interaktion)
5	Tanztrommel – Trommeltanz	Entwicklung von Bewegungs- und Klangphantasie durch die Handlungsspannung zwischen Tänzer und Gruppe bzw. Gruppe und Tänzer
6	Trommelkanon	In der raum-zeitlichen Orientierung (gleichbleibende Pulsation) andere Qualitäten (Rhythmen, Synkopen) erleben
7	Rhythmusmaschine	Steigerung der Expressivität, weil man das eigene rhythmische Motiv in sich ständig verändernden Situationen neu erlebt. Erleben persönlicher Kreativität durch den starken Wechselbezug von gemeinsamer musikalischer Verständigung und dem eigenen musikalischen Anspruch

_____ **Trommelspielkette** _____

In dieser Spielkette baut jedes Spiel auf den vorangegangenen auf, indem es Teile der Spielregeln wieder aufnimmt und neue Schwierigkeiten anbietet. Es handelt sich hier um die Anwendung der Methode Spiel in organisierten Lernprozessen. Der Aufbau der Spielkette richtet sich nach den Erfahrungszielen des Rhythmischen Prinzips nach I. Frohne. Grundlage des Rhythmischen Prinzips ist das Wahrnehmen, Denken und Handeln innerhalb unterschiedlicher, polarer Spannungsfelder wie Selbst- und Fremdwahrnehmung, wie agieren und konzentrieren im Verbund von sensomotorischen, sozialen und ästhetischen Inhalten, um nur einige Spannungsfelder zu nennen. Dabei werden immer mehrere Aspekte eines (musikalischen) Phänomens zu einem sinnvollen Ganzen zusammengeführt, wobei man sich auf das Einfache und Elementare dieses Phänomens bezieht. Über Tätigsein (Bewegung) werden alle Sinne angesprochen. Die Wahrnehmungsverstärkung geschieht durch die Polaritäten der Wahrnehmung.
Die in der Tabelle angegebenen Erfahrungsfelder sind einerseits hierarchisch geordnet, andererseits beinhaltet jedes angegebene Erfahrungsfeld gleichzeitig andere Erfahrungsfelder. In dem Spiel **Namen trommeln** sind beispielsweise alle Erfahrungsfelder möglich.

_____ **Stimmspielkette** _____

Aus der folgenden **Stimmspielkette** lassen sich Tips für den Aufbau einer Musikspielkette ableiten:
– Hemmungen und Ängste können abgebaut werden durch eine angenehme Spielatmosphäre und durch eine Steigerung der Spielleistungen in kleinsten Schritten von Spiel zu Spiel.
– Der soziale Weg vollzieht sich am einfachsten vom Ich über Du zum Wir, also: Simultanspiel (alle spielen zur gleichen Zeit dasselbe) – dann Spiele zu zweit (sich auf eine Person zu konzentrieren, fällt leicht) – dann Gruppenspiele (die Aufmerksamkeit richtet sich auf das Gruppenverhalten).
– Der musikalische Weg verläuft parallel zum sozialen Weg: eigenes Entdecken der Ausdrucksmöglichkeiten – in der Auseinandersetzung mit einem Partner spontaner mit der Stimme umgehen und neue Ausdrucksmöglichkeiten finden – mit der Gruppe zielgerichtet gestalten. Es entsteht also ein Spannungsbogen bis zu einem anspruchsvollen, in diesem Fall kreativen Höhepunktspiel.
– Alle angegebenen Musikspiele sind Spiele <u>ohne</u> Leistungskontrolle. Die spielerische Tätigkeit wird um ihrer selbst willen verfolgt. Ziele entstehen für den Spieler im Spielprozeß selbst.

Vgl. auch: Ulrich Baer, Wörterbuch der Spielpädagogik

Stimmspielkette

Pädagogische Zielperspektiven:

– Durch kleinste methodische Schritte Ängste vor dem unkonventionellen Gebrauch der Stimme abbauen
– Die Stimme als klangliches Ausdrucksmittel entdecken
– Stimmklänge als Gestaltungsmittel gebrauchen

Nr.	Spiel	Methodische Schritte
1	Alphabet entdecken	Simultanspiel; im Schutz der Dunkelheit erforschen alle zur gleichen Zeit unkonventionelle Stimmklänge
2	Stimmen im Dunkeln	Die Bewegungen im Dunkeln geben den unkonventionellen Stimmklängen eine Bedeutung Simultanspiel
3	Duelle	Sich auf eine Person zu konzentrieren, fällt leicht. Das Zusammenwirken von Sprache und Bewegung erleichtert improvisatorische Prozesse
4	Radio	Führen und Folgen wird über den taktilen Sinn zu einer behutsamen Partnerarbeit geführt
5	Handlungen verklanglichen – spontan	In wechselnden Gruppenzusammensetzungen eine musikalische Übereinstimmung erreichen; dabei richtet sich die Aufmerksamkeit des Einzelnen auf das Gruppengeschehen
6	Hörspiel	Selbständige Gruppenarbeit, in der das vorgegebene Thema musikalisch umgesetzt und erweitert wird

Von der Rezeption zur Produktion

Ein **Miniprojekt** nach den Prinzipien ästhetischen Handelns

Ästhetisches Handeln vollzieht sich in Prozessen, in denen kreativ, ganzheitlich mit einer Problemstellung umgegangen wird und die Bearbeitung immer auf einem Selbstbezug basiert. Fragen wie: „Wie sehe ich, wie empfinde ich, wie nehme ich wahr, wie höre ich?", stehen im Zentrum der Tätigkeiten.

ORIENTIERUNGSPHASE

Aktivitäten	Beispiele:	Ziele
Warming-up-Spiele Tanzspiele	– Begegnungen mit Instrumenten – Klanggasse – Namen tanzen – Nachttanz	– Schaffung von angstfreier Atmosphäre – Sich kennenlernen

AUFBAUPHASE

Aktivitäten	Beispiele:	Ziele
Selbsterfahrungsspiele	– Tai-Chi mit Singen – Spiele Dein Erlebnis – Ich sage Dir, wie es war	– Ausdruckserfahrung, Selbstdarstellung, Experimentieren – Abbau von Äußerungsängsten – Ausdrucks-, Darstellungs-, Verstehenserfahrungen – Interpretationsgespräche

—— **Von der Rezeption zur Produktion** ——————————————————————————————

STABILISIERUNGSPHASE

Aktivitäten	**Beispiele:**	**Ziele**
Kreativspiele, gruppenorientierte Spiele	– Liedermat(s)ch – Comic-Strip – Kleingruppenarbeit (Die entstandene Bilderfolge wird mit Sprechblasen und Texten versehen und als Vorlage für ein Stegreifrollenspiel genommen.) – Verklanglichung der Bilderfolge bzw. der Stegreifszenen – Erstellung eines Videos	– Selbsterfahrung/Fremdverständigung – Von Offenheit geprägte Einteilung in Untergruppen – Entwicklung eines Projektvorhabens durch Phantasie-/Vorstellungs-geleitetes Tun – Selbsterfahrung/Fremdverständigung – Selbstgeleitete Umsetzung der gewonnenen Ausdruckskompetenz – Erweiterung der Ausdruckskompetenz – Ausweitung der Gestaltungskompetenz durch planvollen Gebrauch der erfahrenen Gestaltungsprinzipien

DIFFERENZIERUNGSPHASE

Aktivitäten	**Ziele**
Vorstellen der Ergebnisse	– Projektrelevante Realitätsbezüge zu Filmmusik, Comic, Spielfilm, Trickfilm analysieren – Ästhetische Kommunikation als Sinn-stiftende, Erlebnis-steigernde Auseinandersetzungsform erkennen

Vgl.: Ästhetisches Prozeßgeschehen, in Richter-Reichenbach, K.-S., Identität und ästhetisches Handeln, S. 115

Im Buch erwähnte Literatur

Baer, Ulrich:
500 Spiele für Gruppen aus der Datenbank DATASPIEL, Remscheid 1988

Baer, Ulrich:
Wörterbuch der Spielpädagogik, Basel 1981

Coblenzer, Horst/Muhar, Franz:
Atem und Stimme, Wien 1976

Decker-Voigt, Hans-Helmut:
Musik als Lebenshilfe Teil B, Lilienthal/Bremen 1975

Flatischler, Reinhard:
Die vergessene Macht des Rhythmus, Essen 1984

Fritz, Jürgen:
Methoden des sozialen Lernens, München 1977

Frohne, Isabelle:
Das Rhythmische Prinzip, Lilienthal/Bremen 1981

Haselbach, Barbara/Nykrin, Rudolf/Regner, Hermann:
Musik und Tanz für Kinder, Mainz 1985

Hegi, Fritz:
Improvisation und Musiktherapie, Paderborn 1988

Kohlmann, Walter:
Projekte im Musikunterricht, Weinheim und Basel 1978

Loos, Gertrud:
Spiel-Räume, Stuttgart 1986

Im Buch erwähnte Literatur

Merget, Gerhard:
Musizieren mit Klangeigenschaften, in: Musikpraxis Bd. 22, Boppard 2/1984

Meyberg, Wolfgang:
trommelnderweise, Hemmoor 1989

Mittermair, Franz:
Körpererfahrung und Körperkontakt, München 1985

Motte de la, Diether:
Musik bewegt sich im Raum, Celle 1987

Rabensteiner, Reinhold/Reichel, Rene:
Großgruppenanimation, Frankfurt/M. 1982

Richter-Reichenbach, Karin-Sophie:
Identität und ästhetisches Handeln, präventive und rehabilitative Funktionen ästhetischer Prozesse, Weinheim 1992

Rizzi, Werner:
Musikalische Animation, Boppard 1988

Schafer, Murray:
Schule des Hörens, Wien 1967

Storms, Ger:
Spiele mit Musik, Frankfurt/M. 1984

SPIELE-REGISTER

eingeteilt
nach Spielformen

Auditive Wahrnehmungsspiele

ALLE IN EINER REIHE
Die Gruppe ordnet nach dem Gehör Klangblöcke zu einer chromatischen Skala.

BEAT UND OFFBEAT
Mit einem Partner erleben, wie Schlag und Gegenschlag aufeinander wirken.

BEGEGNUNGEN MIT INSTRUMENTEN
Zwei oder mehrere Spieler spielen ihre Instrumente, wenn sie sich begegnen.

BESUCH BEIM NACHBARN
Instrumente sind Hausklingeln; beim Nachbarn klingeln und ihn begrüßen.

BLIND IM KLANGWALD
Mit geschlossenen Augen einen Weg durch eine Menschengruppe finden und sich dabei nach Klängen orientieren.

BLIND ÜBER HINDERNISSE
Sich blind nach Klängen durch einen Hindernisparcours bewegen.

CHAOS ORDNEN
Aus dem Gewirr von Motiven eine Melodie erkennen.

ES RAPPELT IN DER DOSE
Geräuschdosen wahrnehmen, vergleichen und zuordnen.

FREI UND GEBUNDEN
Abwechselnd auf Stabspielen freimetrisch bzw. metrisch-gebunden spielen.

GERÄUSCHPHANTASIEN
Die Gruppe wird durch den Spielleiter zu inneren Geräuschbildern angeregt.

GLUCKSBAUCHSCHLAF
Beim Nachbarn hören, was alles im Bauch passiert.

Auditive Wahrnehmungsspiele

GLÜHWÜRMCHEN
Form, Geruch, Klang eines Instrumentes erforschen und wiedererkennen.

HÖRSPIEL
In Kleingruppen die Geräuschkulisse zu einem Thema mit der Stimme darstellen und erraten.

JEDER HAT NUR EINEN TON
Lieder mit Klangblöcken (klingenden Stäben) spielen.

KLANGBLOCKMELODIEN
Aus einer zufälligen Anordnung von Tönen spielt und erkennt die Gruppe immer wieder neue Melodien.

KLANGBLOCKORCHESTER
Vier Spieler bilden ein Orchester und entwickeln mit den zur Verfügung stehenden Klangblöcken ein kleines Musikstück.

KLANGMARIONETTE
Die Bewegungen einer „Marionette" durch Klänge bestimmen.

KLANGTANZ
Unterschiedliche Klangeindrücke durch Tanzbewegungen zum Ausdruck bringen.

LABYRINTH
Sich blind in einem Seillabyrinth nach Klängen orientieren.

LIEDER-MAT(S)CH
Mehrere Gruppen singen gleichzeitig verschiedene Lieder.

LUFTBALLONS MIT TRIANGELN
Die Bewegungen von Luftballons mit Triangeln begleiten.

NEBELHÖRNER
Mit geschlossenen Augen zwischen zwei Klängen den Weg finden.

Auditive Wahrnehmungsspiele

REISE ZU DEN KLANGDÖRFERN
Klangähnliche Instrumente werden ausprobiert.

SCHATZSUCHE
Einen Gegenstand suchen und sich dabei von Instrumentenklängen lenken lassen.

SCHWINGUNGEN SPÜREN
Mit dem ganzen Körper Musik hören.

STERN IM VOKALKREIS
Die Gruppe singt auf einem Grundton Folgen von Vokalen, so daß Obertöne hörbar werden können.

STIMMUNGSBILDER RATEN
Eine(r) soll das Klangbild der Gruppe deuten.

SUMMEN
Blind den „Lieblingston" singen und damit summend einen passenden Partner finden.

TAKTSTÖCKE
Auf den Taktschwerpunkten einer Musik über liegende Stäbe gehen.

TIERSTIMMENQUARTETT
Die Spieler finden sich durch Nachahmen von Tierstimmen zu einer Tierfamilie und stellen dann die typischen Verhaltensweisen der Tiere dar.

─Auditive Wahrnehmungsspiele─

TÖNE JAGEN
Zwei Töne wandern im Kreis; der eine muß den anderen einholen.

WANDERNDE KLANGGASSE
Blind durch eine klingende Gasse gehen, die sich ständig verändert.

WETTERMASSAGE – MUSIKALISCH
Verschiedene Wetterlagen musikalisch darstellen und als „background" für eine Massage einsetzen.

ZEICHENKLÄNGE – KLANGZEICHEN
Aus einer Liste von graphischen Zeichen stellen drei Spieler drei Zeichen musikalisch dar. Die Restgruppe muß heraushören, welche Zeichen gespielt werden.

Spiele zur Verklanglichung außermusikalischer Vorgänge

AUF DEM BAUERNHOF
Eine Geschichte erzählen, in der alle Geräusche und Tierstimmen mit der Stimme imitiert werden.

BEGEGNUNGEN MIT INSTRUMENTEN
Zwei oder mehrere Spieler spielen ihre Instrumente, wenn sie sich begegnen.

DAMPFLOK
Die Bewegungen einer Dampflokomotive spielen und klanglich darstellen.

DIRIGENT UND ORCHESTER
Eine(r) dirigiert die Gruppe mit einer Tütenpuppe.

DUELLE
Die Ausdruckskraft der Stimme wird in verschiedenen Situationen erprobt.

FILMMUSIK AUS DEM WELTRAUM
Musizieranweisungen zum Thema mit der Taschenlampe anleuchten und verklanglichen.

GRUPPENKONZERT FÜR SOLOHÖRER
Der Reihe nach bekommt jedes Gruppenmitglied ein musikalisches Feedback.

HANDLUNGEN VERKLANGLICHEN – SPONTAN
Bei Musikstop Handlungen mit der Stimme verklanglichen.

HEINZELMÄNNCHENMUSIK
Nach Farben und Bewegungen mit Tönen improvisieren.

HÖRSPIEL
In Kleingruppen die Geräuschkulisse zu einem Thema mit der Stimme darstellen und erraten.

KÄSTCHENPARTITUR
Den Verlauf eines Klangmusikstückes graphisch darstellen und spielen.

Spiele zur Verklanglichung außermusikalischer Vorgänge

LAUTGEDICHT
Unterschiedliche Äußerungsformen werden hinsichtlich ihrer Dynamik und ihrer Stimmhöhe graphisch dargestellt und anschließend „gespielt".

LUFTBALLONS MIT TRIANGELN
Die Bewegungen von Luftballons mit Triangeln begleiten.

MEIN ZWEITES GESICHT
Sein „zweites Gesicht" farbig gestalten und klanglich darstellen.

NATUREREIGNISSE VERKLANGLICHEN
In Kleingruppen einzelne Phasen eines Naturereignisses verklanglichen.

RHYTHMUS IM QUADRAT
Aus einer Graphik ein mehrstimmiges Perkussionsstück entwickeln und spielen.

SPIELE DEIN ERLEBNIS – ICH SAGE DIR, WIE ES WAR
Jede(r) stellt mit musikalischen Mitteln ein persönliches Erlebnis dar und bekommt von den Mitspielern ein verbales Feedback.

SPRICHWÖRTER MUSIZIEREN
Rhythmen und Inhalte von Sprichwörtern verklanglichen.

STIMMUNGSBILDER RATEN
Eine(r) soll das Klangbild der Gruppe deuten.

TIERSTIMMENQUARTETT
Die Spieler finden sich durch Nachahmen von Tierstimmen zu einer Tierfamilie und stellen dann die typischen Verhaltensweisen der Tiere dar.

WETTERMASSAGE – MUSIKALISCH
Verschiedene Wetterlagen musikalisch darstellen und als „background" für eine Massage einsetzen.

Spiele zur Verklanglichung außermusikalischer Vorgänge

ZEICHENKLÄNGE – KLANGZEICHEN
Aus einer Liste von graphischen Zeichen stellen drei Spieler drei Zeichen musikalisch dar. Die Restgruppe muß heraushören, welche Zeichen gespielt werden.

ZOORHYTHMEN
Der Partner ahmt Bewegungsrhythmen von Tieren auf dem Rücken eines Liegenden nach.

Spiele mit Musik und Bewegung

AUSDRUCKSGESTEN ZUR MUSIK
Zu zweit aus drei vorgegebenen Bewegungen Ausdrucksmöglichkeiten entwickeln und damit eine Musik gestalten.

BAMBUSTANZ
Zu zweit mit Bambusstäben Bewegungsformen entwickeln und damit eine Musik gestalten.

BESUCH BEIM NACHBARN
Instrumente sind Hausklingeln; beim Nachbarn klingeln und ihn begrüßen.

BODYPERCUSSION
Zu einem aktuellen Hit Körperrhythmen spielen.

DAMPFLOK
Die Bewegungen einer Dampflokomotive spielen und klanglich darstellen.

FITNESS-STUDIO FÜR DAS ZWERCHFELL
Aktionen mit Bewegung und Stimme.

GLEITEN NACH MUSIK
Mit beiden Händen zur Musik über eine mit Tapetenkleister präparierte Tapete gleiten.

GRUPPENKONZERT FÜR SOLOHÖRER
Der Reihe nach bekommt jedes Gruppenmitglied ein musikalisches Feedback.

HANDLUNGEN VERKLANGLICHEN – SPONTAN
Bei Musikstop Handlungen mit der Stimme verklanglichen.

HEINZELMÄNNCHENMUSIK
Nach Farben und Bewegungen mit Tönen improvisieren.

Spiele mit Musik und Bewegung

KERN UND SCHALE
Im Kern einer Großgruppe bewegt sich ein Spieler. Seine Bewegungen werden von der Gruppe mit Instrumenten verklanglicht.

KLANGFARBEN – FARBKLÄNGE
Ein T-Shirt mit Schultemperafarben nach Musik bemalen.

KLANGMARIONETTE
Die Bewegungen einer „Marionette" durch Klänge bestimmen.

KLANGTANZ
Unterschiedliche Klangeindrücke durch Tanzbewegungen zum Ausdruck bringen.

KONZERT MIT SOLISTEN
Die Gruppenmitglieder musizieren abwechselnd als Gruppe und als Solisten.

LIEDER-MAT(S)CH
Mehrere Gruppen singen gleichzeitig verschiedene Lieder.

LUFTBALLONS MIT TRIANGELN
Die Bewegungen von Luftballons mit Triangeln begleiten.

MUSIKTHEATER
In Kleingruppen Musik pantomimisch darstellen.

NACHTTANZ
Als „Blinder" von wechselnden Partnern beim Tanzen geführt werden.

NAMEN TANZEN
Zur Musik tanzt jedes Gruppenmitglied den Rhythmus seines Vor- und Zunamens.

Spiele mit Musik und Bewegung

NEBELHÖRNER
Mit geschlossenen Augen zwischen zwei Klängen den Weg finden.

PAARLAUFEN
Zu zweit einen Malstift nach Musik führen.

RÜCKEN AN RÜCKEN
Zu zweit eine Musik mit Bewegungen des Rückens gestalten.

STIMMEN IM DUNKELN
Bewegungsabläufe im Dunkeln mit der Stimme begleiten.

SUMMEN
Blind den „Lieblingston" singen und damit summend einen passenden Partner finden.

TAI-CHI MIT SINGEN
Vokale mit unterstützenden Bewegungen singen, so daß ein mehrstimmiges Stimmklangstück entsteht.

TAKTSTÖCKE
Auf den Taktschwerpunkten einer Musik über liegende Stäbe gehen.

TANZTROMMEL – TROMMELTANZ
Auf Trommeln wird der Bewegungsrhythmus eines Tanzenden gespielt. Dann tanzt dieser frei zum entstandenen Trommelrhythmus.

TROMMEL FEEDBACK
Die Gruppe imitiert ein Gruppenmitglied in allem, was dieses tut.

VORWÄRTS – RÜCKWÄRTS – STAND
Durch Gehrichtungen mit einem Partner einen Tanz gestalten.

Trommelspiele

GLÜHWÜRMCHEN
Form, Geruch, Klang eines Instrumentes erforschen und wiedererkennen.

NAMEN TROMMELN
Zwei Spieler sprechen und trommeln abwechselnd ihre Namen.

RHYTHMUSMASCHINE
Mit Perkussionsinstrumenten wird eine „Maschine" nach und nach rhythmisch zum Klingen gebracht.

SCHLAGEN UND WEGWERFEN
Aus einem pulsierenden Wechselschlag heraus Betonungen und Pausen spielen.

SICH TROMMELND EINMISCHEN
Die Gruppenmitglieder versuchen, sich gegenseitig zu stören.

Trommelspiele

STANDHALTEN MIT INSTRUMENTEN
Vier Trommler spielen einen mehrstimmigen Rhythmus, den sie trotz rhythmischer Störungen der Restgruppe durchhalten sollen.

TANZTROMMEL – TROMMELTANZ
Auf Trommeln wird der Bewegungsrhythmus eines Tanzenden gespielt. Dann tanzt dieser frei zum entstandenen Trommelrhythmus.

TROMMEL FEEDBACK
Die Gruppe imitiert ein Gruppenmitglied in allem, was dieses tut.

TROMMELKANON
Zu viert in einer Viererpulsation auf einer Konga spielen.

TROMMELSTREIT
Zwei Personen führen in unterschiedlichen Rollen auf einer Trommel ein Streitgespräch.

Spiele mit der Stimme

ALPHABET ENTDECKEN
Im verdunkelten Raum Stimmausdrucksmöglichkeiten für die Laute des Alphabets entdecken.

AUF DEM BAUERNHOF
Eine Geschichte erzählen, in der alle Geräusche und Tierstimmen mit der Stimme imitiert werden.

BEGEGNUNGEN MIT DER STIMME
Zu zweit Begegnungen in verschiedenen Situationen darstellen.

BLÖDELEI
Mit vorgegebenen Schimpf- und Kosewörtern Stimmimprovisationen gestalten.

CHAOS ORDNEN
Aus dem Gewirr von Motiven eine Melodie erkennen.

CLUSTER MIT SOLISTEN
Über dem Liederklangteppich der Gruppe singen einzelne Gruppenmitglieder laut einzelne Liedausschnitte.

DUELLE
Die Ausdruckskraft der Stimme wird in verschiedenen Situationen erprobt.

FITNESS-STUDIO FÜR DAS ZWERCHFELL
Aktionen mit Bewegung und Stimme.

GEFÜHLSSPRACHE – SPRACHGEFÜHL
Ein sachlich gehaltener Text wird in verschiedenen Gefühlsstimmungen vorgelesen. Die Gruppe soll das Gefühl erraten.

HANDLUNGEN VERKLANGLICHEN – SPONTAN
Bei Musikstop Handlungen mit der Stimme verklanglichen.

HÖRSPIEL
In Kleingruppen die Geräuschkulisse zu einem Thema mit der Stimme darstellen und erraten.

Spiele mit der Stimme

IMPROVISATION MIT SKALEN
Zu einem gesungenen Ostinato Schritt für Schritt nach einer Skala auf dem Keyboard improvisieren.

IMPROVISATION MIT VORNAMEN
Den Vornamen in einzelne Klangsilben zerlegen und daraus neue Phantasiewörter erfinden und singen.

LAUTGEDICHT
Unterschiedliche Äußerungsformen werden hinsichtlich ihrer Dynamik und ihrer Stimmhöhe graphisch dargestellt und anschließend „gespielt".

LIEDER-MAT(S)CH
Mehrere Gruppen singen gleichzeitig verschiedene Lieder.

LIEDERKETTE
Einzelne Gruppenteilnehmer singen abschnittweise bekannte Lieder.

NAMEN TROMMELN
Zwei Spieler sprechen und trommeln abwechselnd ihre Namen.

PAUSENFÜLLER
Pausen eines Liedes mit Bewegungs-, Sprech- bzw. Musikaktionen gestalten.

RADIO
Mit der Stimme Geräusche eines Radios nachahmen.

RAP
Zu einem gleichmäßig als Ostinato gesprochenen Satz improvisiert die Gruppe mit den Silben und Wörtern ein Stimmstück.

RHYTHMUSSESSION
Zu einem mehrstimmigen Scatgesang spontan Körperrhythmen entwickeln.

Spiele mit der Stimme

SICH VOM LIED LÖSEN
Die Motive eines bekannten Liedes nach und nach als Ostinato singen, dann darüber frei improvisieren.

STERN IM VOKALKREIS
Die Gruppe singt auf einem Grundton Folgen von Vokalen, so daß Obertöne hörbar werden können.

STIMMEN IM DUNKELN
Bewegungsabläufe im Dunkeln mit der Stimme begleiten.

SUMMEN
Blind den „Lieblingston" singen und damit summend einen passenden Partner finden.

SUMMERTIME
In Teilgruppen verschiedene Sprechverse sprechen bzw. singen.

TAI-CHI MIT SINGEN
Vokale mit unterstützenden Bewegungen singen, so daß ein mehrstimmiges Stimmklangstück entsteht.

TIERSTIMMENQUARTETT
Die Spieler finden sich durch Nachahmen von Tierstimmen zu einer Tierfamilie und stellen dann die typischen Verhaltensweisen der Tiere dar.

TONFÄDEN
Die Spieler probieren aus, wie lange sie einen Ton singen können, und gestalten mit den Tonfäden ein Stimmstück.

TROMMELSTREIT
Zwei Personen führen in unterschiedlichen Rollen auf einer Trommel ein Streitgespräch.

Musikalische Improvisationsspiele

ALPHABET ENTDECKEN
Im verdunkelten Raum Stimmausdrucksmöglichkeiten für die Laute des Alphabets entdecken.

AUSDRUCKSGESTEN ZUR MUSIK
Zu zweit aus drei vorgegebenen Bewegungen Ausdrucksmöglichkeiten entwickeln und damit eine Musik gestalten.

BAMBUSTANZ
Zu zweit mit Bambusstäben Bewegungsformen entwickeln und damit eine Musik gestalten.

BEGEGNUNGEN MIT INSTRUMENTEN
Zwei oder mehrere Spieler spielen ihre Instrumente, wenn sie sich begegnen.

DAMPFLOK
Die Bewegungen einer Dampflokomotive spielen und klanglich darstellen.

DIRIGENT UND ORCHESTER
Eine(r) dirigiert die Gruppe mit einer Tütenpuppe.

DUELLE
Die Ausdruckskraft der Stimme wird in verschiedenen Situationen erprobt.

EINSTEIGER – AUSSTEIGER
Mit wechselnden Partnern improvisieren.

FREI UND GEBUNDEN
Abwechselnd auf Stabspielen freimetrisch bzw. metrisch-gebunden spielen.

GLÜHWÜRMCHEN
Form, Geruch, Klang eines Instrumentes erforschen und wiedererkennen.

Musikalische Improvisationsspiele

GRUPPENKONZERT FÜR SOLOHÖRER
Der Reihe nach bekommt jedes Gruppenmitglied ein musikalisches Feedback.

HEINZELMÄNNCHENMUSIK
Nach Farben und Bewegungen mit Tönen improvisieren.

IMPROVISATION MIT SKALEN
Zu einem gesungenen Ostinato Schritt für Schritt nach einer Skala auf dem Keyboard improvisieren.

IMPROVISATION MIT VORNAMEN
Den Vornamen in einzelne Klangsilben zerlegen und daraus neue Phantasiewörter erfinden und singen.

KÄSTCHENPARTITUR
Den Verlauf eines Klangmusikstückes graphisch darstellen und spielen.

KERN UND SCHALE
Im Kern einer Großgruppe bewegt sich ein Spieler. Seine Bewegungen werden von der Gruppe mit Instrumenten verklanglicht.

KLANGBLOCKMELODIEN
Aus einer zufälligen Anordnung von Tönen spielt und erkennt die Gruppe immer wieder neue Melodien.

KLANGBLOCKORCHESTER
Vier Spieler bilden ein Orchester und entwickeln mit den zur Verfügung stehenden Klangblöcken ein kleines Musikstück.

KONZERT MIT SOLISTEN
Die Gruppenmitglieder musizieren abwechselnd als Gruppe und als Solisten.

NATUREREIGNISSE VERKLANGLICHEN
In Kleingruppen einzelne Phasen eines Naturereignisses verklanglichen.

Musikalische Improvisationsspiele

PAUSENFÜLLER
Pausen eines Liedes mit Bewegungs-, Sprech- bzw. Musikaktionen gestalten.

RADIO
Mit der Stimme Geräusche eines Radios nachahmen.

RAP
Zu einem gleichmäßig als Ostinato gesprochenen Satz improvisiert die Gruppe mit den Silben und Wörtern ein Stimmstück.

RHYTHMUSMASCHINE
Mit Perkussionsinstrumenten wird eine „Maschine" nach und nach rhythmisch zum Klingen gebracht.

RHYTHMUSSESSION
Zu einem mehrstimmigen Scatgesang spontan Körperrhythmen entwickeln.

SICH VOM LIED LÖSEN
Die Motive eines bekannten Liedes nach und nach als Ostinato singen, dann darüber frei improvisieren.

SPIELE DEIN ERLEBNIS – ICH SAGE DIR, WIE ES WAR
Jede(r) stellt mit musikalischen Mitteln ein persönliches Erlebnis dar und bekommt von den Mitspielern ein verbales Feedback.

STIMMUNGSBILDER RATEN
Eine(r) soll das Klangbild der Gruppe deuten.

TAI-CHI MIT SINGEN
Vokale mit unterstützenden Bewegungen singen, so daß ein mehrstimmiges Stimmklangstück entsteht.

TONFÄDEN
Die Spieler probieren aus, wie lange sie einen Ton singen können, und gestalten mit den Tonfäden ein Stimmstück.

Musikalische Improvisationsspiele

TROMMEL FEEDBACK
Die Gruppe imitiert ein Gruppenmitglied in allem, was dieses tut.

VORWÄRTS – RÜCKWÄRTS – STAND
Durch Gehrichtungen mit einem Partner einen Tanz gestalten.

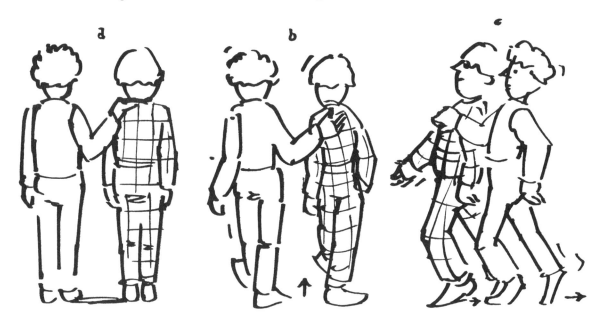

WEN MEINE ICH?
Eine(r) charakterisiert ein anderes Gruppenmitglied mit rein akustischen Mitteln. Die Gruppe muß erraten, wer gemeint ist.

ZEICHENKLÄNGE – KLANGZEICHEN
Aus einer Liste von graphischen Zeichen stellen drei Spieler drei Zeichen musikalisch dar. Die Restgruppe muß heraushören, welche Zeichen gespielt werden.

Rhythmusspiele

BEAT UND OFFBEAT
Mit einem Partner erleben, wie Schlag und Gegenschlag aufeinander wirken.

BODYPERCUSSION
Zu einem aktuellen Hit Körperrhythmen spielen.

FREI UND GEBUNDEN
Abwechselnd auf Stabspielen freimetrisch bzw. metrisch-gebunden spielen.

HÄNSCHEN KLEIN
Den Rhythmus eines Liedes auf einer zufälligen Anordnung von Klangblocktönen spielen.

IMPROVISATION MIT VORNAMEN
Den Vornamen in einzelne Klangsilben zerlegen und daraus neue Phantasiewörter erfinden und singen.

JEDER HAT NUR EINEN TON
Lieder mit Klangblöcken (klingenden Stäben) spielen.

NAMEN TANZEN
Zur Musik tanzt jedes Gruppenmitglied den Rhythmus seines Vor- und Zunamens.

NAMEN TROMMELN
Zwei Spieler sprechen und trommeln abwechselnd ihre Namen.

PAUSENFÜLLER
Pausen eines Liedes mit Bewegungs-, Sprech- bzw. Musikaktionen gestalten.

RAP
Zu einem gleichmäßig als Ostinato gesprochenen Satz improvisiert die Gruppe mit den Silben und Wörtern ein Stimmstück.

Rhythmusspiele

RHYTHMEN MALEN
Rhythmen eines Stückes erkennen und beim Hören spontan in „Malbewegungen" übersetzen.

RHYTHMUS IM QUADRAT
Aus einer Graphik ein mehrstimmiges Perkussionsstück entwickeln und spielen.

RHYTHMUSMASCHINE
Mit Perkussionsinstrumenten wird eine „Maschine" nach und nach rhythmisch zum Klingen gebracht.

RHYTHMUSSESSION
Zu einem mehrstimmigen Scatgesang spontan Körperrhythmen entwickeln.

SCHLAGEN UND WEGWERFEN
Aus einem pulsierenden Wechselschlag heraus Betonungen und Pausen spielen.

SPRICHWÖRTER MUSIZIEREN
Rhythmen und Inhalte von Sprichwörtern verklanglichen.

STANDHALTEN MIT INSTRUMENTEN
Vier Trommler spielen einen mehrstimmigen Rhythmus, den sie trotz rhythmischer Störungen der Restgruppe durchhalten sollen.

SUMMERTIME
In Teilgruppen verschiedene Sprechverse sprechen bzw. singen.

TAKTSTÖCKE
Auf den Taktschwerpunkten einer Musik über liegende Stäbe gehen.

TANZTROMMEL – TROMMELTANZ
Auf Trommeln wird der Bewegungsrhythmus eines Tanzenden gespielt. Dann tanzt dieser frei zum entstandenen Trommelrhythmus.

Rhythmusspiele

TROMMELKANON
Zu viert in einer Viererpulsation auf einer Konga spielen.

VORWÄRTS – RÜCKWÄRTS – STAND
Durch Gehrichtungen mit einem Partner einen Tanz gestalten.

ZOORHYTHMEN
Der Partner ahmt Bewegungsrhythmen von Tieren auf dem Rücken eines Liegenden nach.

Spiele mit Musikhören und Malen

COMIC-STRIP
In Vierergruppen nach vorgegebenen Musikausschnitten eine abwechselnde Comic-Bilderfolge malen.

FINGERMALEN
Mit einem oder mehreren Fingern auf einer mit Kleister und Farben präparierten Tapete nach Musik malen.

KLANGFARBEN – FARBKLÄNGE
Ein T-Shirt mit Schultemperafarben nach Musik bemalen.

MUSIK ZWEIMAL HÖREN
Beim Hören der Musik malend ihre Struktur verfolgen, dann sich ihr malend emotional öffnen.

MUSIKMALEN IN DER GRUPPE
In Vierergruppen nach Musik abwechselnd malen.

PAARLAUFEN
Zu zweit einen Malstift nach Musik führen.

PROGRAMMUSIK MALEN
Außermusikalische Inhalte zur Musik assoziieren und malen.

RHYTHMEN MALEN
Rhythmen eines Stückes erkennen und beim Hören spontan in „Malbewegungen" übersetzen.

STREIT UND VERSÖHNUNG
Mit einem Partner zu einem Musikstück thematisch malen.

Selbsterfahrungsspiele mit Musik

ALPHABET ENTDECKEN
Im verdunkelten Raum Stimmausdrucksmöglichkeiten für die Laute des Alphabets entdecken.

AUSDRUCKSGESTEN ZUR MUSIK
Zu zweit aus drei vorgegebenen Bewegungen Ausdrucksmöglichkeiten entwickeln und damit eine Musik gestalten.

BLIND IM KLANGWALD
Mit geschlossenen Augen einen Weg durch eine Menschengruppe finden und sich dabei nach Klängen orientieren.

BLIND ÜBER HINDERNISSE
Sich blind nach Klängen durch einen Hindernisparcours bewegen.

CLUSTER MIT SOLISTEN
Über dem Liederklangteppich der Gruppe singen einzelne Gruppenmitglieder laut einzelne Liedausschnitte.

DIRIGENT UND ORCHESTER
Eine(r) dirigiert die Gruppe mit einer Tütenpuppe.

DUELLE
Die Ausdruckskraft der Stimme wird in verschiedenen Situationen erprobt.

FINGERMALEN
Mit einem oder mehreren Fingern auf einer mit Kleister und Farben präparierten Tapete nach Musik malen.

GERÄUSCHPHANTASIEN
Die Gruppe wird durch den Spielleiter zu inneren Geräuschbildern angeregt.

GLEITEN NACH MUSIK
Mit beiden Händen zur Musik über eine mit Tapetenkleister präparierte Tapete gleiten.

Selbsterfahrungsspiele mit Musik

GRUPPENKONZERT FÜR SOLOHÖRER
Der Reihe nach bekommt jedes Gruppenmitglied ein musikalisches Feedback.

KLANGFARBEN – FARBKLÄNGE
Ein T-Shirt mit Schultemperafarben nach Musik bemalen.

KONZERT MIT SOLISTEN
Die Gruppenmitglieder musizieren abwechselnd als Gruppe und als Solisten.

LABYRINTH
Sich blind in einem Seillabyrinth nach Klängen orientieren.

LIEDERKETTE
Einzelne Gruppenteilnehmer singen abschnittweise bekannte Lieder.

MEIN ZWEITES GESICHT
Sein „zweites Gesicht" farbig gestalten und klanglich darstellen.

MUSIK ZWEIMAL HÖREN
Beim Hören der Musik malend ihre Struktur verfolgen, dann sich ihr malend emotional öffnen.

MUSIK-INSTRUMENTENJAGD
Abschlagspiel; durch Spielen des eigenen Instrumentes kann man sich vor dem Jäger schützen.

NACHTTANZ
Als „Blinder" von wechselnden Partnern beim Tanzen geführt werden.

NAMEN TANZEN
Zur Musik tanzt jedes Gruppenmitglied den Rhythmus seines Vor- und Zunamens.

Selbsterfahrungsspiele mit Musik

PAARLAUFEN
Zu zweit einen Malstift nach Musik führen.

REISE ZU DEN KLANGDÖRFERN
Klangähnliche Instrumente werden ausprobiert.

SCHWINGUNGEN SPÜREN
Mit dem ganzen Körper Musik hören.

SICH TROMMELND EINMISCHEN
Die Gruppenmitglieder versuchen, sich gegenseitig zu stören.

SPIELE DEIN ERLEBNIS – ICH SAGE DIR, WIE ES WAR
Jede(r) stellt mit musikalischen Mitteln ein persönliches Erlebnis dar und bekommt von den Mitspielern ein verbales Feedback.

STANDHALTEN MIT INSTRUMENTEN
Vier Trommler spielen einen mehrstimmigen Rhythmus, den sie trotz rhythmischer Störungen der Restgruppe durchhalten sollen.

STERN IM VOKALKREIS
Die Gruppe singt auf einem Grundton Folgen von Vokalen, so daß Obertöne hörbar werden können.

STIMMEN IM DUNKELN
Bewegungsabläufe im Dunkeln mit der Stimme begleiten.

STREIT UND VERSÖHNUNG
Mit einem Partner zu einem Musikstück thematisch malen.

SUMMEN
Blind den „Lieblingston" singen und damit summend einen passenden Partner finden.

Selbsterfahrungsspiele mit Musik

TAI-CHI MIT SINGEN
Vokale mit unterstützenden Bewegungen singen, so daß ein mehrstimmiges Stimmklangstück entsteht.

TAKTSTÖCKE
Auf den Taktschwerpunkten einer Musik über liegende Stäbe gehen.

TANZTROMMEL – TROMMELTANZ
Auf Trommeln wird der Bewegungsrhythmus eines Tanzenden gespielt. Dann tanzt dieser frei zum entstandenen Trommelrhythmus.

TONFÄDEN
Die Spieler probieren aus, wie lange sie einen Ton singen können, und gestalten mit den Tonfäden ein Stimmstück.

TROMMEL FEEDBACK
Die Gruppe imitiert ein Gruppenmitglied in allem, was dieses tut.

TROMMELSTREIT
Zwei Personen führen in unterschiedlichen Rollen auf einer Trommel ein Streitgespräch.

WANDERNDE KLANGGASSE
Blind durch eine klingende Gasse gehen, die sich ständig verändert.

WEN MEINE ICH?
Einer charakterisiert ein anderes Gruppenmitglied mit rein akustischen Mitteln. Die Gruppe muß erraten, wer gemeint ist.

WETTERMASSAGE – MUSIKALISCH
Verschiedene Wetterlagen musikalisch darstellen und als „background" für eine Massage einsetzen.

ZOORHYTHMEN
Der Partner ahmt Bewegungsrhythmen von Tieren auf dem Rücken eines Liegenden nach.

Musikalische Entspannungsspiele

GERÄUSCHPHANTASIEN
Die Gruppe wird durch den Spielleiter zu inneren Geräuschbildern angeregt.

GLEITEN NACH MUSIK
Mit beiden Händen zur Musik über eine mit Tapetenkleister präparierte Tapete gleiten.

GLUCKSBAUCHSCHLAF
Beim Nachbarn hören, was alles im Bauch passiert.

MUSIKMALEN IN DER GRUPPE
In Vierergruppen nach Musik abwechselnd malen.

RÜCKEN AN RÜCKEN ZUR MUSIK
Zu zweit eine Musik mit Bewegungen
des Rückens gestalten.

SCHWINGUNGEN SPÜREN
Mit dem ganzen Körper Musik hören.

STERN IM VOKALKREIS
Die Gruppe singt auf einem Grundton Folgen von Vokalen, so daß Obertöne hörbar werden können.

TAI-CHI MIT SINGEN
Vokale mit unterstützenden Bewegungen singen, so daß ein mehrstimmiges Stimmklangstück entsteht.

WETTERMASSAGE – MUSIKALISCH
Verschiedene Wetterlagen musikalisch darstellen und als „background" für eine Massage einsetzen.

ZOORHYTHMEN
Der Partner ahmt Bewegungsrhythmen von Tieren auf dem Rücken eines Liegenden nach.